Bernd Imgrund

111 Kölner Kneipen, die man kennen muss

Mit Fotografien von Thilo Schmülgen

emons:

Bibliografische Information der Deutschen Nationalbibliothek
Die Deutsche Nationalbibliothek verzeichnet diese Publikation
in der Deutschen Nationalbibliografie; detaillierte bibliografische
Daten sind im Internet über http://dnb.d-nb.de abrufbar.
www.emons-verlag.de

© Hermann-Josef Emons Verlag
Alle Rechte vorbehalten
© der Fotografien: Thilo Schmülgen
Gestaltung: Barbara Thoben/Lübbeke Naumann Thoben
Kartografie: Regine Spohner

Druck und Bindung: B.O.S.S Druck und Medien GmbH, Goch
Printed in Germany 2013
Erstausgabe 2011
ISBN 978-3-89705-838-5
Originalausgabe

Unser Newsletter informiert Sie
regelmäßig über Neues von emons:
Kostenlos bestellen unter
www.emons-verlag.de

Vorwort

Kennen Sie die Försterstube, das Kappeseng oder die Restauration Thomas? Wissen Sie, woher Lokale wie der Tripse Bock, Bei d'r Tant oder Zum letzten Pferd ihren Namen haben? Was hat der Schwazze Köbes mit der »Liz Taylor von Ehrenfeld« zu tun? Wo trank man sein Feierabendbier gern mit blutverschmierter Schürze? Und führt ein Weg von der Blauen Muschel in die Kammer des Schreckens?

In diesem Buch geht es nicht um Gastrokritik, nicht darum, was das Kölsch kostet oder wie das Jägerschnitzel schmeckt. Sondern es geht um Geschichte und Geschichten, um 111 Kölner Kneipen, die schon ein paar Jährchen, wenn nicht Jahrhunderte auf dem Buckel haben. Die Palette reicht vom kölschen Brauhaus über die Veedelskneipe und die Weetschaff op d'r Eck bis hin zum altgedienten Szenetreff.

So manche historische kölsche Gaststätte hat in den letzten Jahren ihre Pforten für immer geschlossen. Andere leben bis heute fort, manchmal steht hier bereits die vierte, fünfte Generation hinter den Zapfhähnen. Köln ist reich an außergewöhnlichen kulturellen Sehenswürdigkeiten. Aber auch Kneipen spiegeln die Kultur einer Stadt – die Alltagskultur eben. Hier feiert man seine Taufe (beziehungsweise verschläft sie), hier trinkt man sein erstes Bier (oder auch das letzte), und hier lernt man nicht selten die Frau/den Mann fürs Leben kennen. Deshalb erzählen auch die über 135-jährige Langeler Dorfschänke Op d'r Eck, der kaum jüngere Flittarder Hof im rechtsrheinischen Norden oder die in einem neogotischen Bau von 1904 untergebrachte Gaststätte Räderscheidt tief unten im Kölner Süden spannende und interessante Geschichten. Und nicht zuletzt: 111 Kölner Kneipen, das sind 111 feuchtfröhliche Ausflugsziele. In diesem Sinne: Prost!

111 Kneipen

1 Alt Brück

Wiener Stühle am Jakobsweg

Jenseits des Mauspfads, wo es für Kölner Verhältnisse recht steil nach oben geht, da beginnt Alt-Brück. Und ganz am Ende links liegt die gleichnamige Kneipe mit der auffälligen Fassade: Unter dem aufgemauerten Schriftzug »Zur Erholung« ranken sich Weinreben um eine halbnackte Göttin. Das äußerliche Schmuckwerk stammt wie das gesamte Gebäude aus dem Jahr 1903. Der 1877 geborene Josef Heuser hatte zuvor bei der Kölner Energieversorgung gearbeitet – als Zähler-Ableser, ein Job, den es damals noch nicht allzu lange gab. Josef war dann auch der erste Wirt des Lokals, und er blieb es für die nächsten fünfundvierzig Jahre. Vor der Tür spannte sich in der Frühzeit der Gaststätte eine Markise bis zur Straße, von der die Gäste durch ein Zäunchen geschützt waren. Und im Innern ließ man sich auf sogenannten Wiener Stühlen nieder – elegant geschwungene hölzerne Sitzmöbel. Darauf gesessen hat nicht zuletzt so mancher Pilger: Die Olpener Straße bildet einen offiziellen Abschnitt des berühmten Jakobsweges.

Die alten Kaffeehaus-Stühle sind zwar längst verschwunden, aber auch die mit feinem Leder überzogenen Barhocker kommen sehr gediegen daher. Ur-Kneipier Josef und seine Frau Elisabeth hatten zwei Söhne, die bereits früh in der Restauration mitarbeiteten. Während der ältere zum Buchhalter avancierte, übernahm Franz, der jüngere Heuser, die Zapfhähne. Gesundheitlich angeschlagen, absolvierte er zwar noch die Schichten während der Fußball-WM 1954, gab das Alt-Brück jedoch ab 1956 in die Hand von Pächtern. Nachdem hier unter anderem ein Zigarrenhändler und ein ehemaliger Kellner gewirkt hatten, wird der Tresen seit 2011 von der Brückerin Rosi Mühlberger und ihrem pfälzischen Lebensgefährten Bernd Mosebach regiert. Und auch diese beiden stochen im Winter den mittigen, klassisch grünen Kachelofen.

Adresse Olpener Straße 951, Brück | **Tel.** 0221/84 02 70 | **Öffnungszeiten** täglich ab 10 Uhr | **ÖPNV** Bahn 1, Haltestelle Brück/Mauspfad | **Sonstiges** Kleine Speisen, Biergarten

2 Alt Neppes

Ein Stößchen Dunkel för ömesöns

Viel Holz, eine lange, ums Eck laufende Theke und eine treue Stammkundschaft, die den Laden auch schon um die Mittagszeit zu einem lebhaften Treff macht: Das Alt Neppes ist das Paradebeispiel für eine kölsche Eckkneipe. Gegründet gegen Ende der 1950er Jahre, hieß das Lokal zunächst »Teisner«. Das Haus kam dann in den Besitz der Familie Becker, die ein paar Meter weiter den Golde Kappes führte. Sie ließ das Gebäude komplett abreißen und installierte im Parterre des Neubaus das Alt Neppes. Als Wirtspaar zogen sodann Eddy und Käthchen Werres hier ein.

Von besonderer Bedeutung für den Umsatz des Alt Neppes war lange die KVB. Direkt vor der Tür lag nämlich eine Bahnhaltestelle, die tagtäglich Laufkundschaft hereinspülte. Die Gleise gen Norden bildeten seinerzeit den am stärksten frequentierten Streckenabschnitt des Kölner Netzes jenseits der Innenstadt. Mit der Inbetriebnahme der U-Bahn 1974 endete diese Ära.

Nach Eddy Werres' Tod führte seine Frau und danach deren Tochter die Wirtschaft, bevor 1995 Helga Faust die Geschäfte übernahm. Die Ur-Nipperserin kennt das Lokal seit ihrer Kindheit, als sie zusammen mit ihren Eltern hierherkam. Gern erinnert sie sich an das Stößchen Dunkelbier, das es für die Pänz stets »för ömesöns« gab. Einschlägige Gastronomie-Erfahrungen sammelte sie später im alten Friesenviertel, unter anderem in der einstigen »Wallstreet« an der Ecke Friesenwall und Palmstraße. Ihre einzige Neuerung im Alt Neppes betraf die undicht gewordenen bunten Bleiglasfenster, die durch verbleites Klarglas ersetzt wurden. Seitdem strömt hier zuweilen diffuses Sonnenlicht in den Saal und schenkt ihm einen goldbraunen Anstrich.

Zugenommen haben in den letzten Jahren die FC-Devotionalien an den Wänden. Ansonsten jedoch hat sich hier an der Einrichtung seit Mitte der 1960er nichts mehr geändert. Warum auch!

Adresse Neusser Straße 301, Nippes | **Tel.** 0221/76 15 38 | **Öffnungszeiten** täglich ab 10 Uhr | **ÖPNV** Bahn 12, 15, Haltestelle Florastraße | **Sonstiges** Kleine Speisen, Außengastronomie

Pitter Kraat

3 Alt Poller Wirtshaus

Trinken »bei Küsters«

Zum Alt Poller Wirtshaus gelangt, wer von der Siegburger Straße rechts auf die Salmstraße zum alten Ortskern hin abbiegt. Benannt wurde die Straße 1909 nach jenem schmackhaften Fisch aus der Familie der Lachse, den man früher in großer Zahl auch im Rhein fangen konnte. Poll ist ein altes Fischerdorf, und einen Teil seiner Geschichte hat auch das Alt Poller Wirtshaus mitgeschrieben.

Vermutlich stammt das Gebäude aus derselben Zeit wie die 1864 erbaute Kirche St. Joseph schräg gegenüber. Belegt ist jedenfalls, dass hier 1871 der Küster Wilhelm Paffendorf mit seiner Familie einzog. Ab 1892 trug das Wirtshaus den Namen »Restauration zur Post«. Nicht nur war hier seinerzeit eine Poststelle eingerichtet worden, nein, hier stand auch das erste Poller Telefon. Wilhelm Paffendorf drückte der Gemeinde in mancher Hinsicht seinen Stempel auf: Er gründete den bis heute bestehenden Poller Kirchenchor und nahm 1878 am ersten Poller Schützenfest teil – erfolgreich. Zwar schoss er nicht den Vogel ab, errang aber immerhin den Silbernen Stern für den besten Treffer. Und weil auch spätere Familienmitglieder der Pfarrei als Küster, Organist oder Chorleiter dienten, nannte man die Gaststätte lange Zeit einfach »bei Küsters«. Zusammen mit St. Joseph und der 1910 fertiggestellten Südbrücke zählte die Restauration damals zu den Wahrzeichen und Postkartenmotiven des rechtsrheinischen Vororts.

Vor rund fünfhundert Jahren gehörte dieses Grundstück nahe dem Rhein zu einem Gut namens Kielshof, das der Deutzer Abtei St. Heribert unterstand. Namenswechsel gab es hier seither so einige, vom Alt Poller Wirtshaus spricht man erst seit der letzten Renovierung im Oktober 2008. Geblieben ist der beliebte Biergarten, in dem man ein kölnweit recht seltenes Gebräu serviert bekommt: frisch gezapftes Meckatzer Weißgold, eine Bierspezialität aus dem Allgäu.

Adresse Poller Hauptstraße 28, Poll | **Tel.** 0221/992 71 52 | www.alt-poller-wirtshaus.de |
Öffnungszeiten Di–Fr ab 15, Sa ab 12, So ab 10 Uhr | **ÖPNV** Bahn 7, Haltestelle Poll/
Salmstraße | **Sonstiges** Brauhausküche, Biergarten

4 Am Kappeseng

Von der Pferdetränke zur Olex-Säule

Erbaut wurde dieses reizende kleine Lokal 1847. Und aus diesem Jahr stammt auch noch der gusseiserne Ofen links vorm Tresen, dessen Rohr sich bis hinter die Theke zieht und der das gesamte, damals noch einstöckige Häuschen beheizte. Auch große Teile der Einrichtung sind noch aus dem 19. Jahrhundert. Während draußen der urbane Pendlerverkehr der Aachener Straße vorbeirauscht, halten sie und die überall verteilten historischen Fotos die Erinnerung an eine vergangene, rein agrarische Epoche wach.

Den Wandel der Zeiten erlebte das Kappeseng schon im frühen 20. Jahrhundert. Vor der Tür, wo zunächst nur ein Brunnen zum Tränken der Pferde gestanden hatte, wuchs in den 1920ern eine Olex-Zapfsäule für Automobile aus dem Boden. Ebenfalls in jenen Jahren erhielt die Wirtschaft verschiedene moderne Anbauten, darunter eine Kegelbahn. Wo sie sich früher befand, erstreckt sich heute ein länglicher Saal.

Das kölsche Wort »Kappeseng« bedeutet streng übersetzt »Kohlende« und meint: Hier hört die Bebauung auf und fangen die Felder an. So nannte man diese kleinbäuerliche Gegend in Weiden, und »M'r jonn zom Kappeseng« war zugleich Ausdruck des Vorhabens, in der »Restauration Schumacher« einen trinken zu gehen. Alternative: »M'r jonn zom ›Süüle-Weet‹.« Auf eine Art Säule spannte man den zu bearbeitenden Schuh, und einer der aufeinanderfolgenden Schumacher-Wirte übte jenen Beruf eben auch tatsächlich aus.

Als das Kappeseng von der Familie 2003 für die zukünftige Verpachtung renoviert wurde, legte man größten Wert auf Wahrung der Tradition. Grüne Kacheln, dunkelbraun lackierte Dielen und eigenhändig gefertigte, holzgerahmte Stickereien mit romantischen Motiven bilden ein stimmiges historisches Ensemble. Und seit eben jenem Jahr steht auch der Name über der Tür, der ohnehin schon vor anderthalb Jahrhunderten gebräuchlich war: »Am Kappeseng«.

Adresse Aachener Straße 1332, Weiden | **Tel.** 02234/200 42 58 | www.amkappeseng.de |
Öffnungszeiten Di–Fr 12–14 u. ab 17, Sa u. So 11–14 u. ab 17 Uhr | **ÖPNV** Bahn 1,
Haltestelle Weiden/Schulstraße | **Sonstiges** Gutbürgerliche Küche, Biergarten

5__Anno Pief
Kölsch auf der Kirchenbank

Das Anno Pief verdankt sich stadtplanerischem Kalkül. Üblicherweise öffnen Kneipen nur dort, wo vorher schon eine drin war. Hier am Stavenhof jedoch lag bis 1981 eine ganz normale Wohnung. Zu der Zeit hatte der »Stüverhoff« seinen Ruf als berüchtigte Rotlichtgasse bereits verloren, der Wohnraum hier wurde aufgewertet. Städtischerseits spekulierte man für die Zukunft auf studentische Mieter, und die sollten zur festeren Verwurzelung eine lokale Pinte erhalten. So kam damals die Dombrauerei an eine nagelneue Gastro-Konzession.

In der Frühzeit stand das Lokal in symbiotischer Beziehung zum ehemaligen »Weinhaus Esser« (heute »Extrablatt«) an der Ecke Lübecker Straße und Gereonswall. Da man dort bereits gegen 21 Uhr dichtmachte, wanderten die Trinker gern geschlossen hinüber zum Anno Pief. Gegen Ende der 1980er Jahre wandelte sich der Laden dann unter neuer Führung in eine Nachtkneipe und bekam prompt Ärger mit den neuen Anwohnern des Stavenhofs. Nicht minder problematisch verlief die Entwicklung ein Jahrzehnt später, als das Anno Pief vorübergehend zu einer ambitionierten Jazzkneipe mit Live-Musik und Fingerfood mutierte. Auch diese Phase wurde nach Protesten aus der Nachbarschaft beendet.

Seit 2001 dirigiert hier mit Patrick Sträter ein echter Jung aus dem Eigelstein die Hähne. Statt Tapas und Rotwein gehen nun wieder Frikadellen und Kölsch über die Theke, während die Inneneinrichtung komplett erhalten blieb. Mit dem Wort »urig« sollte man in Kneipenzusammenhängen vorsichtig umgehen, es klingt inzwischen arg abgenutzt. Aber auf das Anno Pief trifft es vollkommen zu. Dem bewahrenden Geist des Wirts verdankt sich unter anderem die Tatsache, dass man hier im hinteren Bereich des Raums auf echten Kirchenbänken Platz nehmen kann. Wo diese allerdings ausrangiert wurden, das weiß niemand mehr. Oder?

Adresse Stavenhof 8, Eigelsteinviertel | **Tel.** 0221/130 08 27 | www.anno-pief.de |
Öffnungszeiten Di–So ab 18 Uhr | **ÖPNV** Bahn 5, 12, 15, 16, 18, Haltestelle
Ebertplatz | **Sonstiges** Kleine Speisen

6_ Der Backes

Das »Zentrum fürs Wesentliche«

Als der Backes 1983 seine Pforten öffnete, existierte an der Alteburger Straße noch eine andere Kneipenlegende der Südstadt: das »Out«. Weil es damals noch Sperrstunden gab, war dort gegen ein Uhr Feierabend, und dann ging man eben zum Backes an der Darmstädter. Da waren um die Zeit zwar auch schon die Rollläden runter, aber man konnte klingeln und heimlich durch den Hausflur rein.

Für Barbara »Babsy« Petry und Franz »Fränzje« Kirchen, das Wirtspaar, stellte sich die Kneipierskarriere jedoch zunächst etwas anders dar. »In der Anfangszeit lief es fürchterlich, die Straße war tot. Außer dem Schuster gab es nichts.« Aber wie gesagt, das änderte sich, der Backes wurde ein neuer Treff für die Künstler, die Kunstbeflissenen und die ganz normalen Kölschtrinker der Südstadt. Schon bald erhielt er seinen sehr treffenden Spitznamen: das »Zentrum fürs Wesentliche«.

Vor der Backes-Ära befand sich hier im Parterre lediglich eine Wohnung. Aber »Backes« ist das kölsche Wort für Bäckerei, und irgendwann vor langer Zeit wurden in diesem Haus auch wirklich Brötchen gebacken. Davon zeugt zum einen der große Ofen im Keller und zum anderen das Zeichen über dem Balkonfenster im zweiten Stock: die Brezel im Wappen der Bäcker-Innung. Auch in der Kneipe selbst findet man einige an eine Bäckerei erinnernde Elemente, angefangen beim roten Backstein und dem überdimensionalen, einem Wimmelbild anmutendes Backes-Gemälde an der Wand. Nichts mit einem Ofen zu tun hat allerdings die kaminähnliche Säule in der Mitte des Raums. Die ist lediglich wichtig für die Hausstatik und enthält neben einem Doppel-T-Träger und Füllsand jede Menge Underberg-Fläschchen. Derselbe durstige Maurer puzzelte übrigens auch die Backofen-Rundbögen hinter dem Tresen zusammen. Und wer genauer hinsieht, erkennt auch hier den Underberg-Einfluss: Die Dinger sind krumm und schief.

Adresse Darmstädter Straße 6, Südstadt | **Tel.** 0221/31 11 67 | www.backeskoeln.de |
Öffnungszeiten Mo–Fr ab 17, Sa u. So ab 20 Uhr, im Sommer auch früher | **ÖPNV**
Bahn 15, 16; Bus 132, 133, jeweils Haltestelle Chlodwigplatz | **Sonstiges** Kleine
Speisen, Außengastronomie

7_Balthasar

Metamorphosen im Agnesviertel

Früher befand sich hier, an der Neusser Straße 40 im Agnesviertel, ein kleiner Tante-Emma-Laden namens Morschhäuser. Die aufkommenden Supermärkte fegten ihn hinweg, und so eröffnete dort 1963 stattdessen eine Kneipe. Das Balthasar, benannt nach der angrenzenden Straße, wurde zunächst von einem Norddeutschen mit thüringischen Wurzeln betrieben. Hans Bolzen konnte sich zudem auf die Hilfe seiner Frau verlassen, einer gelernten Kaltmamsell.

Seither hat das Balthasar so manche Wandlung durchgemacht, jeder der zahlreichen Pächter hat seine Spuren hinterlassen. So hing über der Theke etwa ursprünglich ein Flaschenregal von der Decke, und der Tresen selbst wurde von schweren Holzsäulen unterteilt. Dass er heute aus massivem Granit besteht, hat etwas zu tun mit der einstigen Wirtin Maria und einem steinverarbeitenden Verwandten. In den 1970er Jahren hingegen betrat man mit dem Balthasar eine Schifferkneipe voll maritimem Nippes.

Bevor 2001 in NRW die Sperrstunde aufgehoben wurde, war das Balthasar eine der wenigen Gaststätten mit einer Nachtkonzession. Hier traf sich zu später – oder sehr früher – Stunde alles, was noch nicht genug hatte von der Nacht. Dementsprechend gestaltete sich der Ruf des Lokals: Das Balthasar war eine Kaschemme vor dem Herrn.

Seit 2005 ist nun Helmut Gymnich der neue Chef hinterm Tresen. Der Multigastronom unterhält unter anderem das »Ehrenfelder Brauhaus« und führte für zwölf Jahre den »Stüsser« schräg gegenüber. Dort hatte er zur Wiederbelebung des Traditionslokals den Rheinischen Sauerbraten vom Pferd eingeführt, und Pferdefleisch bekommt man nun auch im Balthasar, wenn man es mag. Während die Speisekarte hier ausgesprochen weitläufig ist (»Kölsche Tapas«), bleibt die Zapfbierpalette auf das Notwendigste reduziert. Weil hier nämlich gar keine Leitungen existieren, kommt das Gaffel Kölsch ausschließlich aus dem Fass.

Adresse Neusser Straße 40, Agnesviertel | **Tel.** 0221/16 83 21 85 | www.balthasar-im-agnesveedel.de | **Öffnungszeiten** täglich ab 10 Uhr | **ÖPNV** Bahn 5, 12, 15, 16, 18, Haltestelle Ebertplatz | **Sonstiges** Kölsche Küche, Außengastronomie

8_ Bei d'r Tant

Waagemeister, Schweineschlachter und Schankwirte

Die erste Kneipe ist hier für das Jahr 1864 nachgewiesen, der Besitzer hörte seinerzeit auf den passenden Namen Anton Gerhard Dollhausen. Das Haus selbst jedoch war deutlich älter. Hier hatten Menschen verschiedenster Gewerbe gelebt, unter anderem der Waagemeister des Kölner Flachskaufhauses Bertram Cüppers (Ende 18. Jahrhundert) und nach ihm mehrere Schweineschlachter. Auf den Schankwirt Dollhausen folgten binnen weniger Jahrzehnte zahlreiche Pächter, die sämtlich in finanzielle Schwierigkeiten gerieten. Nicht anders erging es der Witwe des Karl Höver, die das Haus 1930 ihren langjährigen Kneipenpächtern Arnold und Maria Kremer verkaufte. Hatte das Lokal bis dahin nur »Cäcilienschenke« geheißen, so bekam es nun seinen bis heute gültigen Zusatz. Dem Vernehmen nach hatte Frau Kremer ein Herz für Kinder und versorgte sie mit Zuckerstangen, sodass sie irgendwann für alle nur noch »die Tant« war.

Der von den Stammkunden geprägte Name setzte sich endgültig nach dem Krieg durch. Von dem Haus an der Ecke zur Antonsgasse war kein Stein auf dem anderen geblieben. Nach dem Tod ihres Ehemannes 1945 baute Maria Kremer die Tant wieder auf, bevor in den 1960er Jahren Otto und Adele Kugler an der Reihe waren. Hatte sich die Theke damals noch ganz rechts vom Eingang befunden, so entstand im Rahmen einer großen Renovierung 1983 die noch heute vorhandene Hufeisenform. Unter der Ägide der Familie Hennes wurde auch die Decke zum »Oberstübchen« geschlossen – zuvor hatte man von der dortigen Balustrade direkt in den Thekenraum hinunterschauen können. Obwohl die Wirtschaft eher irgendwo im Nirgendwo und zudem an der hässlichen Cäcilienschneise liegt, trifft man hier bereits mittags auf rege Gesellschaft. Zu dieser Tageszeit fällt im Idealfall die Sonne durch die bleigefassten Kneipenscheiben und bringt den grünen Kacheltresen zum Glänzen. Wohl dem, der dort sitzt.

Adresse Cäcilienstraße 28 (Ecke Antonsgasse), Innenstadt | **Tel.** 0221/257 73 60 | www.bei-dr-tant.de | **Öffnungszeiten** Mo–Sa ab 11 Uhr | **ÖPNV** Bahn 1, 3, 4, 7, 9, 16, 18, Haltestelle Neumarkt | **Sonstiges** Kölsche Küche, Außengastronomie

9 Bei Oma Kleinmann

Paula und der Wolf

Wenn Lokale solch einen Namen tragen, beziehen sie sich immer auf Legenden. Und dies trifft natürlich auch auf Paula Kleinmann zu. In Westfalen geboren, kam sie im Jahr 1941 nach Köln. Acht Jahre später übernahm sie zusammen mit ihrem Mann eine kleine Kneipe an der Zülpicher Straße. Vor dem Krieg hatte sie »Heinsberger Hof« geheißen, die Kleinmanns bevorzugten jedoch den Namen »Zum Goldenen Krug«. Schon bald florierte das Geschäft, das Lokal konnte erweitert werden: Wer heutzutage links im Sälchen sitzt, hätte früher Briefmarken verkauft. Dort befand sich nämlich eine Postfiliale.

Paula Kleinmanns Kochkünste wurden von den Gästen genauso geschätzt wie ihr nie versiegender Humor. Ihr Gatte Willi wiederum brachte gastronomische Erfahrung mit ein – auf seine Familie ging die Bickendorfer »Restauration Jakob Kleinmann« zurück. Über die Jahrzehnte speiste in dem uninahen Ecklokal so manche Generation von Studenten und Prominenten, und wenn es gar zu eng wurde, versorgte Oma Kleinmann sie auch im eigenen rückwärtig gelegenen Wohnzimmer.

Wie ihren Mann, so überlebte die vitale Wirtin auch ihren Sohn Gustav, der 2004 verstarb. Bereits ein Jahr zuvor hatte Enkel Ralf Kleinmann den Pachtvertrag gelöst, um sich auf seine Karriere als Footballer zu konzentrieren. Aber auch unter den neuen Wirtsleuten Olaf Wolf und Maureen Küther blieb Paula nicht untätig. Bis kurz vor ihrem Tod im November 2009 schälte die mittlerweile 95-Jährige alltäglich die Kartoffeln für den Restaurantbetrieb.

Geweihe an den Wänden, ein Dielenboden und eine elaborierte Schnitzelkarte: Bei Oma Kleinmann setzt man auf solide Erdverbundenheit. Der gebürtige Eifeler Wolf mit seiner Vorliebe für Oldtimer-Autos und -Motorräder ist Traditionalist und sieht deshalb keinen Grund, das Erscheinungsbild dieser alten Kneipe sonderlich zu verändern. Zum Glück.

Adresse Zülpicher Straße 9, Kwartier Latäng | **Tel.** 0221/23 23 46 |
www.beiomakleinmann.de | **Öffnungszeiten** Di–So ab 17 Uhr | **ÖPNV** Bahn 9, 12, 15,
Haltestelle Zülpicher Platz | **Sonstiges** Gutbürgerliche Küche, Schnitzelschwerpunkt,
kleine Außengastronomie

10 Belz-Bierstuben

Eine geisterhafte Schwemme

Die Belz-Bierstuben ist eine sympathische kleine Kaschemme. Hier, im Schatten der Mülheimer Brücke, zeigt sich die Kölner Kneipenkultur nicht von ihrer Schokoladen-, sondern eher von ihrer Blutwurstseite. Wer das Belz betritt, fühlt sich urplötzlich an einen ganz anderen Ort versetzt, der zugleich ein wenig düster, fremd und reizvoll wirkt. Sieht man sich heute hier um, in diesem eigenwilligen, von der Zeit verbauten Schlauch, dann ahnt man nicht, wie anders es hier einst zuging. Denn die Bierstuben der Belz-Brüder war ein ausgesprochen feines Lokal, man legte Wert auf Etikette.

Noch Magdalene Faust, die hier von 1985 bis 2001 Regie führte, durfte laut Pachtvertrag kein Bier über den nackten Tresen reichen. Die Gäste hatten am Tisch beliefert zu werden, so wollte es die Schrulle der Belz-Brüder. In Magdalenes Ära fällt auch die Gründung eines hauseigenen Karnevalsvereins. Die »Kölschen Köpp« zeugen davon, dass hier vor noch nicht allzu langer Zeit ordentlich Leben in der Bude war.

»Kein Thekenausschank« – das stand womöglich schon 1872 über dem Tresen, als das Lokal von der Familie Belz eröffnet wurde. In zweiter Generation waren dann die besagten Brüder an der Reihe. Jakob und Heinrich Belz wirkten hier über Jahrzehnte, und man sagt, dass sie es waren, die nach dem Zweiten Weltkrieg als erste Mülheimer Gaststätte wieder Bier ausschenkten. Ihr Konzept: keine Speisen, dafür jedoch sechs, sieben verschiedene Sorten von (Premium-)Bieren. Als die Brüder in die Jahre kamen, stand für kurze Zeit die Idee im Raum, das Haus an der Adamsstraße in ein Studentenwohnheim zu verwandeln. Köln wäre dadurch ein echter Traditionsschuppen verloren gegangen. Diese museal-geisterhaften Bierschwemme ist zwar sicherlich nicht jedermanns Sache. Aber einmal an der Theke gelandet, trinkt man sein Bierstuben-Kölsch doch ausgesprochen gern.

Adresse Adamsstraße 1, Mülheim | **Tel.** 0221/16 87 25 49 | **Öffnungszeiten** täglich ab 10 Uhr | **ÖPNV** Bahn 4, 13, 18, Haltestelle Wiener Platz

11 Bier-Esel

700 Jahre Bier unterm Grautier

Im Bier-Esel beruft man sich auf eine über 700-jährige Tradition, und das nicht zu Unrecht. Ein »Haus zum Esel« existierte auf der Breite Straße bereits 1297. Wahrscheinlich diente es direkt der Bierproduktion, denn ein 22 Jahre jüngeres Dokument bezeugt, dass hier ein Brauhaus betrieben wurde. Offenbar mit Erfolg: Der Esel taucht 1412 als eines von nur 21 Zunft-Brauhäusern in der Bier-Steuerliste des Magistrats auf. Dem gehobenen Standard gemäß verfügte das Lokal über eine einfache sowie eine Herrenstube für die feinere Gesellschaft. Als die französischen Besatzer die Zünfte 1798 auflösen, heißt der Besitzer Everhard Badorff. Auch unter preußischer Herrschaft scheint die kölsche Wirtschaft noch geraume Zeit floriert zu haben, aber 1873 war es damit vorbei: Der Esel musste schließen.

Zum Retter des Traditionsstandorts wurde 1892 die Sünner Brauerei. Die Kalker möbelten das Lokal wieder auf und mobilisierten ihre guten Kontakte zu den Muschelzüchtern der Nordsee. Mit der Übernahme von Fritz Austermühle im Jahr 1912 begründete der Bier-Esel seinen Ruf als eine der ersten Kölner Adressen in Sachen Muscheln. Dass dies bis heute gilt, verdankt sich dem zähen, erst 1962 abgeschlossenen Wiederaufbau nach der totalen Zerstörung. Fritz' Sohn Willy hauchte dem Esel neues Leben ein, bis 1981 der heutige Pächter Jürgen Dannewald ans Ruder kam. Zwischen August und Ostersonntag ist Saison, dann offeriert die Karte rund zwanzig verschiedene Muschelgerichte.

Heutzutage trinkt und tafelt man hier in solidem Brauhausambiente, abgetrennt von den Speisetischen herrscht an der Theke eine echte Kneipenatmosphäre. Dank der zahllosen historischen Bügeleisen und Kaffeemühlen gesellt sich noch ein musealer Touch hinzu. Und jenseits dessen begegnet man natürlich dem namensgebenden Grautier auf Schritt und Tritt – der Esel i-aht fideler denn je.

Adresse Breite Straße 114, Innenstadt | **Tel.** 0221/257 60 90 | **Öffnungszeiten** täglich ab 11.30 Uhr | **ÖPNV** Bahn 3, 4, 16, 18, Haltestelle Appellhofplatz | **Sonstiges** Brauhausküche, Muschel-Schwerpunkt, Außengastronomie

12 Bierhaus en d'r Salzgass

Zurück zu den Wurzeln

Dieses große, gleichwohl gemütliche Kölner Brauhaus wuchs vor einigen Jahren wie ein lang verschütteter Phönix aus der Asche. Denn ein Brauhaus hatte hier über viele Jahrhunderte bestanden, bevor verschiedene Mutationen ... Aber der Reihe nach. Rund vierhundert Jahre lang, ab ungefähr anno 1500, hieß das Lokal »Zur Täsch«, also zur Tasche. Für die Zeit davor sind laut dem Kölner Brauhausforscher Franz Mathar Namen wie »Zum Hunen« oder »Zum hohen Durpel« (= Türpfahl) belegt. Der letzte Brauer vor der Auflösung der Zünfte durch die Franzosen 1798 hieß Christian Schult, ein Ratsherr. Zur langen Liste seiner Nachfolger gehört unter anderem Gottfried Thelen (von 1858–1861), der zuvor im »Verlorenen Sohn« am Buttermarkt gearbeitet hatte, einem legendären, heute verschwundenen Brauhaus. 1897 dann betrieb ein Reiner Schallenberg die Sudkessel. Mit seinem Tod im Jahr 1904 und der Aufgabe des Hauses drei Jahre später durch seine Frau erlosch hier die Tradition des Bierbrauens.

Die »Täsch« wurde zu einer einfachen Schänke, die jedoch dank ihrer zentralen Lage stets gut besucht war. Der Großmarkt, damals an der heutigen Deutzer Brücke gelegen, bot den Händlern Anlass für eine Einkehr, hier soll es gern auch schon vormittags hoch hergegangen sein. Nach dem Zweiten Weltkrieg, so noch einmal Franz Mathar, wurde das Lokal zu einem Treffpunkt der Jazz- und Literaturszene.

Mit der Eröffnung des Bierhauses en d'r Salzgass im Jahr 2003 kehrte auch die ursprüngliche räumliche Aufteilung des Gebäudes zumindest teilweise zurück. Die typisch mittelalterliche zweistöckige Dielenhalle wurde großzügig freigelegt. Wie ein Zwischengeschoss funktioniert dabei die heutige Galerie mit ihren Panorama-Tischen. Und »Zurück zu den Wurzeln« heißt es auch in Sachen Bier: Denn mit Päffgen kommt hier das Kölsch einer klassischen Hausbrauerei auf die Ahorntische.

Adresse Salzgasse 5–7, Altstadt | **Tel.** 0221/800 19 00 | www.bierhaus-salzgass.de | **Öffnungszeiten** täglich ab 12 Uhr | **ÖPNV** Bahn 1, 7, 9, Haltestelle Heumarkt | **Sonstiges** Brauhausküche, Außengastronomie

13_ Billard-Café

Wo einst die Hummeln summten

Diese Kneipe hat keinen Internetauftritt, keine leuchtende Brauereiwerbung und keine Speisekarte. Wenn die tonnenschweren Metallrollläden geschlossen sind, wirkt der Laden, als sei er seit mindestens zwanzig Jahren zu. Diese Kneipe hat noch nicht mal einen richtigen Namen. Denn Billard-Café, das ist ja eher ein gastronomischer Gattungsbegriff. Aber der Reihe nach.

1914, nach der Fertigstellung, stand hier ein schickes, vierstöckiges Haus. Sein Grundriss im Parterre deutet darauf hin, dass dort bereits eine Gaststätte integriert war, aber Genaueres weiß niemand. 1945 gingen drei Etagen verloren, und das nun einstöckige Gebäude bekam jenes Flachdach verpasst, bei dem es bis heute geblieben ist. Nach dem Krieg existierte drumherum nicht viel anderes. Wo heute die Oval Offices zum Rhein hin schielen, erstreckten sich Brachen und ein Bolzplatz. Gegenüber, auf dem späteren Dom-Kölsch-Gelände, ragte ein weiß gekacheltes Hotel samt Tankstelle in den Bayenthaler Himmel. Auf dem großen SVG-Parkplatz nebenan übernachteten die Trucker, um morgens früh in der nahen Markthalle ihre Waren auszuliefern. Und daraus folgt mehr oder weniger zwangsläufig, was sich allabendlich in der kleinen Kneipe Ecke Koblenzer und Schönhauser Straße abspielte. Da saßen die Lkw-Fahrer, und da liefen die Frauen auf, die sich an ihnen ein paar Scheine verdienen wollten. Der damalige Name des Lokals spricht für sich: Hummel-Eck.

Nico Archontidis war 1961 aus Griechenland an den Rhein gekommen und erfüllte sich 1976 den Traum vom eigenen Restaurant. Nach und nach verschwand die alte Klientel. Als eines Tages ein wandernder Zimmermannsgeselle nach Arbeit fragte, nahm Nico ihn auf. Gegen Kost und Logis erneuerte der den Tresen und die Wandverkleidung so, wie man sie heute noch sieht. Denn auch Nicos Sohn Petro lässt sich – ganz kölscher Grieche – zu keinerlei Renovierungen drängen.

Adresse Koblenzer Straße 75, Bayenthal **| Tel.** 0221/38 88 87 **| Öffnungszeiten**
Di–Fr ab 17, Sa ab 18 Uhr **| ÖPNV** Bus 132, 133 bis Haltestelle Mannsfeld, Bahn
15, 16 bis Schönhauser Straße **| Sonstiges** So top die Kneipe, so top in Schuss auch
die beiden Billardtische im ehemaligen Restaurantbereich.

14_ Blue Shell

Die Bar zur Blauen Muschel

Je trendiger eine Szenekneipe daherkommt, desto schneller macht sie normalerweise auch wieder zu. Nicht so das Shell. Denn irgendetwas muss dran sein an diesem Design in Schwarz und Neonblau. Während der 1980er Jahre entsprach diese Kombination sogar den Klamotten der meisten Gäste: Man trug eine schwarze Lederjacke zur blauen Jeans oder alternativ eine schwarze Lederhose zur blauen Jeansjacke.

Für die gleichbleibend hohe Sogwirkung des Lokals sorgte von Beginn an die immer solide Beschallung. Hier wurden DJs engagiert, die sich mit ihrem Metier auskannten; hier war der Sound immer geschliffen scharf (und laut); und seit der berühmte Pooltisch nicht mehr ist (der mit den großen Taschen, in die man auch noch mit zwei Promille zuverlässig einlochte), existiert sogar eine kleine Bühne, über die regelmäßig Rockkonzerte und Poetry Slams gehen.

Es war Udo Baur, der das ehemalige »Haus Robertz« im Mai 1979 zusammen mit dem Multi-Gastronomen Frank Schauhoff neu erfand. Mit dem Blue Shell ließ man die modisch und musikalisch auf den Hund gekommenen 70er Jahre hinter sich. Der neue Laden stand stattdessen für Punk und New Wave (und Elvis, klar, der sowieso und immer), und im Hinterraum beschrieb die Spex-Redaktion den nächsten Avantgardesound. Der kam dann zum Beispiel später in Form von Blur, die hier 1990 ihr erstes deutsches Konzert gaben.

Auch nach 1994, als der gelernte Elektriker Rolf Kistenich die Leitung übernahm, musste investiert und umgebaut werden. Mehr als einmal stand das Shell auf der Kippe, immer wieder gab es Ärger mit der Obrigkeit. Waren es anfangs die wilden Schlägereien zwischen Teds und Rockern, so kamen später die Mäkeleien des Ordnungsamts an der angeblich fehlenden Schallisolierung hinzu. Aber, so das Fazit nach mittlerweile über dreißig Jahren: Die Blaue Muschel ist nicht zu knacken.

Adresse Luxemburger Straße 32, Kwartier Latäng | **Tel.** 0221/23 12 48 | www.blue-shell.de | **Öffnungszeiten** täglich ab 21 Uhr, bei Konzerten s. Homepage | **ÖPNV** Bahn 12, 15, 16, 18, Haltestelle Barbarossaplatz

15 Bonerath
Wahnheide und die Luftwaffenkaserne

Das »Bienenhaus« war ursprünglich eine Soldatenkneipe und lag auf dem Gelände der Luftwaffenkaserne Wahn. Diese wiederum hatte die BRD 1957 von der britischen Royal Air Force übernommen. Als das »Bienenhaus« schloss, suchten sich die Militärs ein anderes Lokal und fanden es an der Kreuzung Heide- und Magazinstraße. Dort lag seinerzeit das »Haus Wahner Heide«, eine typische Porzer Eckkneipe. Allerdings wurde sie von der Dortmunder Union mit Bier beliefert. Und weil diese Brauerei mit einem Bienenkorb im Logo warb, wurde die Kneipe im Volksmund zum neuen Bienenhaus.

Betreiber waren ab 1955 für zehn Jahre die gebürtigen Wahnheider Margarete und Hans »Schang« Bonerath. Die beiden hatten zuvor bereits im Gastrobereich der englischen Besatzer gearbeitet, die ohnehin viele Deutsche beschäftigten. Unter anderem organisierte die R.A.F. hier Berufsauffrischungskurse für Kriegsgefangene und Weiterbildungsmaßnahmen für stenografiekundige Frauen. Als 1965 die nördlich abgehende Magazinstraße bebaut wurde, entstand dort auch eine Gaststätte. Und diese heißt bis heute Bonerath.

Während ihr alter Laden zu einem Hotel wurde, etablierten die Wirtsleute Bonerath hier eine neue Nachbarschaftskneipe. Zu Anfang verfügte das Lokal im Keller über eine Kegelbahn und bestand im Erdgeschoss aus lediglich einem großen Raum. Das änderte sich dann 1986 mit der Übernahme durch Tochter Christa, verheiratete Reschke. Raumteiler schufen einige abgetrennte Bereiche mit im Fachwerkstil gestalteten Wänden. Hinten im Garten wurde ein geräumiger Saal angebaut, dem sich seit 1993 ein Biergarten anschließt. Und weil das Bonerath ein typischer Familienbetrieb ist, steht hier seit Anfang des Jahrtausends in dritter Generation Thomas Reschke seiner Mutter zur Seite. Der jedoch ist nicht Köbes, sondern Koch und Küchenmeister.

Adresse Magazinstraße 22–24, Porz | **Tel.** 02203/650 47 | www.restaurant-bonerath.de |
Öffnungszeiten Mo, Mi–Fr ab 16.30, Sa ab 11, So 11–14 u. ab 16.30 Uhr | **ÖPNV**
Bahn S12, S13 bis Haltestelle Wahn, dann Bus 160 bis Haltestelle Guntherstraße |
Sonstiges Gutbürgerliche Küche, Biergarten

16 Brauhaus am Kloster

Bier und Benediktinerinnen

An der Brühler Straße in Raderberg steht ein mächtiges, etwas verwunschen wirkendes Kloster. Unter der Obhut von Gründerin Mutter Josephine waren 1895 dreizehn Benediktinerinnen aus den Niederlanden in den Neubau gezogen. Und Josephine, so wollte es der Zufall, hieß auch die Frau des Wirts Christian Kohlgraf, der zehn Jahre darauf und nur ein paar Meter weiter eine Wirtschaft eröffnete. Wegen der räumlichen Nähe taufte man sie auf den Namen »Klosterschänke«.

Die Kohlgrafs, so erzählt Enkelin Gertrud, hatten hart um ihre Konzession ringen müssen. Im erst 1888 eingemeindeten Vorort Raderberg lohne sich keine weitere Kneipe, das Vorhaben sei zum Scheitern verurteilt. Aber die engagierten Wirtsleute bewiesen das Gegenteil. Die »Klosterschänke« überstand unter der Führung von Christians Bruder den Krieg, während die Familie zur Evakuierung nach Schlesien gezogen war. Wie die benachbarten Benediktinerinnen kehrten auch die Kohlgrafs bereits wenige Wochen nach dem Krieg zurück in die Heimat. 1954 übernahm dann Christians Sohn Jakob die Geschäfte. Ein erster Fernseher wurde angeschafft, in Raderberg verfolgte man die Fußball-Weltmeisterschaft und ihren bekannten, glücklichen Ausgang. Siebzehn Jahre lang stand Jakob Kohlgraf am Zapfhahn, danach wurde die Wirtschaft verpachtet. Seine Tochter Gertrud hatte zwar ein gewisses Interesse an der Übernahme, aber auch ihr Mann kam aus einer Wirtsfamilie. Mit dem Diktum »Unsere Kinder sollen nicht in der Kneipe aufwachsen« war es vorbei mit der Gastro-Tradition der Kohlgrafs.

Stattdessen mutierte die »Klosterschänke« 2009 nach aufwendigem Umbau zum »Brauhaus am Kloster«. Und während man hier nun klassische kölsche Küche genießt, verdienen sich auch die Benediktinerinnen ihr Geld zum Teil mit der Herstellung von Verzehrbarem: Im Kloster werden nämlich Oblaten gebacken.

Adresse Brühler Straße 108, Raderberg | **Tel.** 0221/80 04 85 91 | www.brauhausamkloster.de
Öffnungszeiten Mo u. Mi–Fr ab 16, Sa u. So ab 11.30 Uhr | **ÖPNV** Bus 133, Haltestelle
Rheinsteinstraße | **Sonstiges** Brauhausküche, Außengastronomie

17_ Brauhaus Sion

Unter Taschenmachern und Brauern

Bereits die Einrichtung des Sion-Hauses betont sehr dezidiert die historische Bedeutung des Ortes. So tafelt man etwa in der gediegenen Ratsstube mit Gemälden der Kölner Oberbürgermeister oder in der nicht minder edlen Präsidentenstube, in der man entlang den Wänden die Abfolge der kölschen Karnevalspräsidenten betrachten kann.

Und tatsächlich reicht die Brautradition Unter Taschenmacher ausgesprochen weit zurück. Das Sträßchen knapp innerhalb der alten römischen Stadtmauer hieß im 12. Jahrhundert »An Rindshuderen«, was sich auf die Verarbeitung von Rinderhäuten bezog. Hier arbeiteten also die Taschenmacher. Im ehemaligen Haus Zum Roten Ochsen (oder Kusins-Haus, heute Nr. 5) jedoch lebte und wirkte bereits 1318 ein Bierbrauer des Namens Johannes Braxator. Der Mann produzierte gängiges Medebier, das mit verschiedenen Kräutern und Honig versetzt war. Wie es sich für dieses Gewerbe gehörte, lag direkt hinter dem Anwesen ein Pütz, also ein Brunnen für das Brauwasser.

Seit der Jahrhundertwende und bis 1936 hatte das Brauhaus den Namen »Dombrauerei« (kölsch: der »Dombräues«) getragen. Die uns vertraute Sion-Epoche beginnt im Jahr 1912, als der einer Eifeler Brauerfamilie entstammende Jean Sion das Haus übernahm. Sein Sohn, der ausgebildete Brauer und Jurist Hans Sion, führte das Lokal ab 1936, im selben Jahr wurde das Wörtchen »Dom« an die Hirsch-Brauerei abgegeben (die später Dom-Kölsch brauen sollte). Sion junior stand bereits nach dem ersten Bombenangriff auf Köln 1942 vor den Trümmern seines Hab und Guts. Nach dem Wiederaufbau aber stieg Sion 1948 zum Vorsitzenden des Kölner Brauerei-Verbandes auf. Sein hohes Ansehen verdankte er nicht zuletzt der Tatsache, dass er seine Brauerkollegen stets darin bestärkte, die Finger von Untergärigem zu lassen und stattdessen Kölsch zu einer städtischen Marke zu entwickeln.

Adresse Unter Taschenmacher 5–7, Altstadt | **Tel.** 0221/257 85 40 | www.brauhaus-sion.de | **Öffnungszeiten** täglich ab 10.30 Uhr | **ÖPNV** Bahn 5, 16, 18, Haltestelle Dom/Hbf | **Sonstiges** Brauhausküche, Außengastronomie

18 Braustelle

Eine fast perfekte Kreislauf-Wirtschaft

Hier wird ein obergäriges Bier namens Helios gebraut, aber es darf sich nicht Kölsch nennen. – Wieso? Weil Braumeister Peter Esser nie versucht hat, in den hehren Kölner Brauerei-Verband aufgenommen zu werden. Und zudem weil sein Obergäriges nicht den gängigen optischen und geschmacklichen Regeln entspricht – Esser belässt es naturtrüb, das heißt, ein Teil der Hefe und damit auch einige Vitamine verbleiben im Bier.

Peter Esser ist Braumeister und Wirt zugleich. Angefixt wurde er durch eine »Hobbythek«-Brauanleitung des Kölsch-Luxemburgers Jean Pütz. Nach einem Praktikum im berühmten Füchschen lernte der gebürtige Düsseldorfer sein Handwerk an einer Technischen Hochschule in Bayern und arbeitete danach zunächst für sechs Jahre im »Weissbräu« am Barbarossaplatz. Seit 2001 betreibt er nun die geräumige Eckkneipe an der Venloer, Ecke Christianstraße.

In der Braustelle lässt sich eine beinahe perfekte Kreislauf-Wirtschaft studieren. Die Braukessel stehen direkt im Saal, darunter geht es in den Gärkeller. Rohstoffe und Nebenprodukte des Prozesses kommen umgehend im Restaurantbetrieb zum Einsatz: Braustellen-Schnitzel werden mit Weizenmalz paniert, das Brot wird mit Malztreber gebacken und das fertige Bier für die Soßen verwendet.

Weil der Ehrenfelder Braumeister ebenso experimentierfreudig wie mutig ist, entstehen in Kölns kleinster Brauerei auch diverse saisonale und Spezialbiere. Darunter immer wieder auch manch schräges Produkt, und manchmal sogar Alt. Das Düsseldorfer Gebräu läuft hier allerdings unter dem eingekölschten Label »Ehrenfelder Alt«, und unter uns gesagt: Es schmeckt gut. Ganz nebenbei kratzt Esser auch noch an anderen Mythen. Dass man Kölsch in schmalen Stangen ausschenkt, weil es sonst zu schnell schal würde, hält er für Unfug: »Kölsch könnte man genauso gut aus Maßkrügen trinken.«

Adresse Christianstraße 2, Ehrenfeld | **Tel.** 0221/285 69 32 | www.braustelle.com |
Öffnungszeiten täglich ab 18 Uhr | **ÖPNV** Bahn 3, 4, Haltestelle Leyendeckerstraße |
Sonstiges Brauhausküche, Außengastronomie

19_ Café Kram
Ein Betriebswirt wird Wirt

Direkt nebenan, zum selben Gebäude gehörig, lag einst die Brückenklause, so getauft wegen der nahen Severinsbrücke. Weil der Hausbesitzer keine zweite Kneipe im Parterre wünschte, residierten im heutigen Kram zunächst verschiedene Einzelhändler. Wo unter der Decke die Lichttraverse verläuft, stand früher eine Wand. Und zum Gotenring hin bot ein kleiner Tante-Emma-Laden seine Waren feil. Als dann 1978 das Café Kram einzog, war hier gerade ein Shop für Reitzubehör geschlossen worden. Fünf Studenten verschiedener akademischer Zweige schufen ein alternatives Lokal, das neben Kaffee und Kuchen auch Dichterlesungen und Liederabende offerierte. Vom zunächst ausgelegten Teppich musste man sich brandlöcherbedingt relativ schnell verabschieden, aber auch der heutige Noppenlinoleumboden wirkt wie ein historisches Relikt. Im hinteren Raum wurden Second-Hand-Klamotten und Ähnliches verkauft – jener »Kram« eben, von dem der Laden seinen Namen hat. Heutzutage gelangt man hintendurch in ein gut ausgestattetes, vom zentralen Billardtisch dominiertes Spielezimmer. Hier stoßen tagsüber die Eleven der drei benachbarten Schulen ihre Kugeln, während dann abends eher ihre Eltern zu Queue und Kreide greifen.

Ab 1980 versorgte auch Helmut Pinckert die Kram-Gäste, und als er zwei Jahre später die Chance zur Übernahme bekam, mutierte der studierende Betriebswirt zum Wirt. Schon damals stand das rund hundertjährige Klavier im Fenster dieses erdigen Lokals. Die hübsche Wandvitrine gegenüber der Theke schmückte einst einen Küchenschrank, während die Brauhaustische sowie die längs der Wand verlaufende Bank aus einer ehemaligen Weinstube an der Deutzer Tempelstraße stammen. Wie sehr das Café Kram ein – wohl geratenes – Kind der 80er ist, erkennt man an den beiden Tischchen hinterm Eingang. Die bestehen tatsächlich noch aus umgemodelten alten Tretnähmaschinen.

Adresse Gotenring 42, Deutz | **Tel.** 0221/88 16 35 | www.cafe-kram.de | **Öffnungs-
zeiten** Mo–Fr ab 12, Sa u. So ab 15 Uhr | **ÖPNV** Bahn 3, 4, Haltestelle Suevenstraße |
Sonstiges Einmal pro Wintermonat gibt es einen Blues-Live-Abend (s. Homepage).

20_ Chlodwig-Eck

Böll, BAP und der Merowinger

Nach der endgültigen Vertreibung der Römer im 5. Jahrhundert traten zunächst die fränkischen Merowinger in ihre Fußstapfen. Ihr erster bedeutender König hieß Chlodwig, und nach ihm wurde auch der zentrale Platz in der Kölner Südstadt benannt. Nicht ganz so weit zurück reicht die Geschichte einer einflussreichen Kölner Kneipe, die bis 1979 genau an diesem Platz lag: das Chlodwig-Eck. Danach wechselte das Lokal auf die Ecke Severinswall und Annostraße. Hier trafen sich Veedelsflaneure und Kunststudenten, Abhänger und Ambitionierte, aber den berühmtesten Namen trug der Wirt: Clemens Böll, der erste Betreiber des Chlodwig-Eck, ist ein Neffe von Heinrich Böll, dem Kölner Literatur-Nobelpreisträger.

Auch andere, die hier ihr Kölsch tranken, wurden später berühmt. Ein Text über das Chlodwig-Eck wäre unzureichend ohne den Verweis auf BAP und Wolfgang Niedecken. Die erste Platte der Band (»BAP rockt andere kölsche Leeder«) erschien in ebenjenem Umzugsjahr 1979. Schon vorher war Wolfgang Niedecken häufiger Gast im Chlodwig-Eck, seine Stammkneipe bot ihm – mit und ohne Band – die Gelegenheit für erste Auftritte. Dafür wurde sie dann verewigt in Songs wie der »Ruut-wiess-blau querjestrievten Frau« (worauf sich zum Beispiel reimt: »Clemens, dunn noch ens zwei Schabau«).

Clemens Böll führt seit Langem eine Catering-Firma, und Wolfgang Niedecken pendelt zwischen Afrika und Müngersdorfer Stadion, während sich im Chlodwig-Eck der BAP-Fanclub trifft. Seit über zwei Jahrzehnten betreibt mittlerweile Robert Hilbers das legendäre Lokal. Seine Patina hat es nach mehreren Umbauten ein wenig eingebüßt, aber wie eh und je ist es ein integraler Bestandteil des Vringsveedels. Hier feiert man Karneval, besucht Konzerte oder stellt sich an die lange, immer gut frequentierte Theke. Un Schabau jitt et och noch.

Adresse Annostraße 1–3, Südstadt | **Tel.** 0221/32 75 95 | **Öffnungszeiten** täglich ab 18 Uhr | **ÖPNV** Bahn 15, 16, Haltestelle Chlodwigplatz | **Sonstiges** Gemischte Speisekarte, Außengastronomie

21 Der Corkonian

Kölns ältester Irish Pub

Irish Pubs gibt es inzwischen wie Sand am Meer. Fast-Food-Buden vergleichbar, sind regelrechte Ketten entstanden, und das hölzerne Mobiliar samt pseudoantiken Bierwerbungsschildern kann man en gros im Gastrohandel erstehen. Ende der 1980er Jahre war das noch anders. Kölns erster Irish Pub »Dubliners« hatte noch nicht einmal solide Wände, handelte es sich doch um ein Rondell im Bazaar de Cologne an der Mittelstraße. Vom keltischen Kneipenflair war hier nicht viel zu spüren, eher erinnerte das Etablissement an eine Flughafenbar. Und nachdem ihm die Pacht in der aufstrebenden Shopping-Mall zu teuer geworden war, machte sich der Besitzer auf die Suche nach einer geeigneteren Umgebung. 1990 öffnete der Corkonian am Alter Markt seine Pforten und ist Kölns mittlerweile älteste irische Zapfstelle.

Auch hier dominierten von Beginn an die dunklen Holztöne. Eine ewig lange Theke mündet nach hinten raus in einen kleinen Saal. Stilecht: die niedrigen Tischchen mit den entsprechenden Hockern davor. Und selbstverständlich schreitet man im Corkonian nicht über Fliesen oder Linoleum, sondern über einen pubtypischen Teppich. Aber auch der Laden in der Altstadt hatte anfangs mit einem Problem zu kämpfen, das ihm das deutsche Reinheitsgebot aufbürdete: Guinness wird nicht mit Kohlensäure, sondern mit Stickstoff versetzt, und der war hierzulande verboten. Unter Einfluss von Kohlensäure jedoch wird Guinness zu Plörre, und die edelweiße, steife Krone zerfällt zu schmutzig-geflocktem Schaum.

Zum Glück sind diese Zeiten vorbei, die Pints im Corkonian gehen in gleichbleibend großartiger Qualität über den Tresen. Seit 2008 führt hier der passionierte Barmann Vincent Leggett Regie, ein gebürtiger Corker, der aber schon seit einer halben Ewigkeit in Köln lebt. »Das erste Guinness schmeckt nie«, sagt er. Aber ab dem zweiten, so fahren wir fort, hängt man dran.

Adresse Alter Markt 51, Altstadt | **Tel.** 0221/257 69 31 | www.thecorkonian.com | **Öffnungszeiten** täglich ab 12 Uhr | **ÖPNV** Bahn 1, 7, 9, Haltestelle Heumarkt | **Sonstiges** Außengastronomie

22 Das Dürr

Ringer, Gewichtheber, Motorradfahrer

»Männer aus Sülz, Herren aus Klettenberg«, so soll einst der Pfarrer von St. Bruno seine Schäfchen begrüßt haben. Und was dahintersteckt, ist klar: hier der Vorort für kleine Angestellte und Arbeiter, dort das Beamtenviertel. Die Gaststätte Dürr liegt an der Luxemburger Straße, aber auf der westlichen, der Klettenberger Seite. »Hier hat es nie eine Schlägerei gegeben«, erinnert sich ein Gast, der diese Theke seit über fünfundfünfzig Jahren besucht. Und das obwohl der alte Herr Dürr in seinem ersten Leben Gewichtheber und Ringer gewesen ist. Klein, drahtig, die Hände hinter dem Rücken verschränkt; ein vielseitiger Mann, der 1927, als der Nürburgring eingeweiht wurde, mit seinem Motorrad dabei war.

Die Dürrs waren zu Anfang des 20. Jahrhunderts aus Ulm an den Rhein gekommen. 1904 eröffneten sie in der Altstadt die »Blaubachschänke«, später dann den »Kölner Hof«. Der lag an der Sülzburgstraße, dort, wo heute die Sparkasse steht. Sie war es auch, die den Dürrs jenes Trümmergrundstück an der Luxemburger überließ, auf dem sich vor dem Krieg ein Lokal namens »Beins Museum« befunden hatte. Hier öffnete 1954 die Gaststätte Dürr ihre Pforten. Lange auch als Hotel geführt, wohnten dort zahlreiche FC-Spieler wie Tschik Cajkovski oder Heinz Hornig, bevor sie eine eigene Wohnung bezogen.

Ab 1965 standen dann Hans und Leni Dürr hinter dem Tresen, und das für vierzig Jahre. Es kursieren viele seltsame Geschichten aus dieser Zeit, und die verrückteste ist wahrscheinlich die von Hardy, dem DDR-Spion. Über seine Herkunft aus dem deutschen Osten verlor er nie ein Wort. Hardy Severin, wie er sich in Köln sinnigerweise nannte, liebte das Segeln und den Whiskey. Als er Mitte der 1980er Jahre aufflog, verließ er Deutschland gen Österreich. An seinem Stammplatz im Dürr, am rechten Ende der Theke, hängt seitdem ein kleines Messingschild mit einer Widmung: »Hardy's Eck«.

Adresse Luxemburger Straße 339, Klettenberg | **Tel.** 0221/46 12 63 | **Öffnungszeiten** Mo–Fr 11–14 u. ab 16, Sa ab 16 Uhr | **ÖPNV** Bahn 13, 18, Haltestelle Sülzgürtel

23 Durst

Klein, düster, laut, klasse

Zunächst mal: Es heißt nicht »das«, sondern »der« Durst, so nennen ihn jedenfalls die Eingeweihten. Seinen wie die Faust aufs Auge passenden Namen hat der Laden einem Theaterstück zu verdanken. Der »Durst« des irischen Dichters Flann O'Brien (1911–1966) handelt von den verwinkelten – und schließlich glücklichen – Versuchen eines nächtlichen Trinker-Trifoliums, den auf die Sperrstunde pochenden Dorfpolizisten zum Mitbechern zu überreden.

Irgendwann in den 1970ern befand sich in dieser heiligen Spelunke eine Animierbar mit Damen aus dem Milieu, wie es im Eigelstein nicht ungewöhnlich war. Später residierten hier kaum minder zwielichtige Etablissements unter tunesischer und später marokkanischer Führung. Wer sich den Durst heutzutage ansieht, der mag sich, so er denn das dafür notwendige Alter besitzt, an eine andere Kneipe erinnert fühlen. Die hieß »Station«, befand sich unterhalb vom Bahndamm auf der Zülpicher Straße und wurde inzwischen sogar literarisch verewigt (Guy Helminger: »Die Ruhe der Schlammkröte«). Nach dem letzten Zapfenstreich in der »Station« saß hier unter anderem der kölsche Irish-Folk-Musiker Ecki Krupp auf dem Trockenen. Um sich und seinen Kumpels eine neue Tränke zu bieten, machte er sich quer durch Köln auf die Suche nach einer vergleichbaren Lokalität. Und wurde 1994 fündig: in der Weidengasse 87.

Der Durst, das freut den echten Kneipenkenner, ist eine Kaschemme im besten Sinne des Wortes: klein, düster und laut. Krupps Nachfolger Guido »Proffi« Rauprich wollte daran genauso wenig ändern wie an der ebenso spärlichen wie zweckmäßigen Einrichtung. Und weiterhin steht dem fröhlich fließenden Fassguinness und der breitgefächerten Whisk(e)yauswahl die Tatsache gegenüber, dass hier weder Kaffee noch sonstige Heißgetränke serviert werden. Und wer den Laden kennt, der wird sagen: Konsequent!

Adresse Weidengasse 87, Eigelsteinviertel | **Tel.** 0221/13 63 66 | **Öffnungszeiten** täglich ab 20 Uhr | **ÖPNV** Bahn 12, 15, Haltestelle Hansaring

24 Em Ahle Kohberg

Viehmärkte und das Ostermann-Lied

Merheim auf der Landkarte, das ist ein von A3 und A4 eingekeiltes Viereck. Wer es jedoch besucht, den überrascht der Flecken mit seiner dörflich-idyllischen Atmosphäre. Hier haben sich viele Spuren der bergischen Geschichte erhalten, und dazu zählt auch der Ahle Kohberg. Erbaut wurde dieses flache Fachwerkhaus im Jahr 1665, und schon immer spielte es im Leben des Dorfes eine zentrale Rolle. Auf dem Platz vor dem Lokal wurde der Viehmarkt abgehalten, und von den Kuhherden, die seinerzeit hier zusammenkamen, hat der Kohberg wohl auch seinen Namen. Die Viehtreiber wiederum tränkten und fütterten hier ihre Pferde und sich selbst.

Dass der Ahle Kohberg das Vorbild für Willi Ostermanns Hymne »Och wat wor dat fröher schön doch en Colonia« abgegeben hätte, ist jedoch eine Legende. Zwar kam der Komponist aus dem Rechtsrheinischen und mag das Merheimer Lokal gekannt haben. Aber sein Kultlied schrieb er im Jahr 1930, da hieß der Kohberg noch »Restauration Peter Wendel«. Wenn der »Franz m'em Nieß nom ahle Kohberg jing«, dann spazierten sie wahrscheinlich zu einem Wein- und Tanzlokal im Severinsviertel. Erst 1937, ein Jahr nach Ostermanns Tod, wurde die Gaststätte von den Wirtsleuten Bering auf den heute so bekannten Namen getauft – ein früher PR-Streich, der kölsches Liedgut und die alte Viehmarkt-Tradition fruchtbar verband.

Die Berings blieben hier bis 1967, ihnen schlossen sich für zehn Jahre die Eheleute Ritter an. Ende der 1970er erfolgte eine größere Restaurierung des Innenbereichs, und bis 1993 handelte man den rustikalen Kohberg gar als Gourmet-Restaurant. Diese Zeiten sind vorbei, wenn auch noch immer ein Hauch von Grandezza durch diese geduckten Räumlichkeiten weht. Andererseits verfügt das Speiselokal auch über eine ganz herkömmliche Trinkertheke, und »om Heimwääch ahn ze knuutsche fange« kann man hier in Merheim auch noch immer.

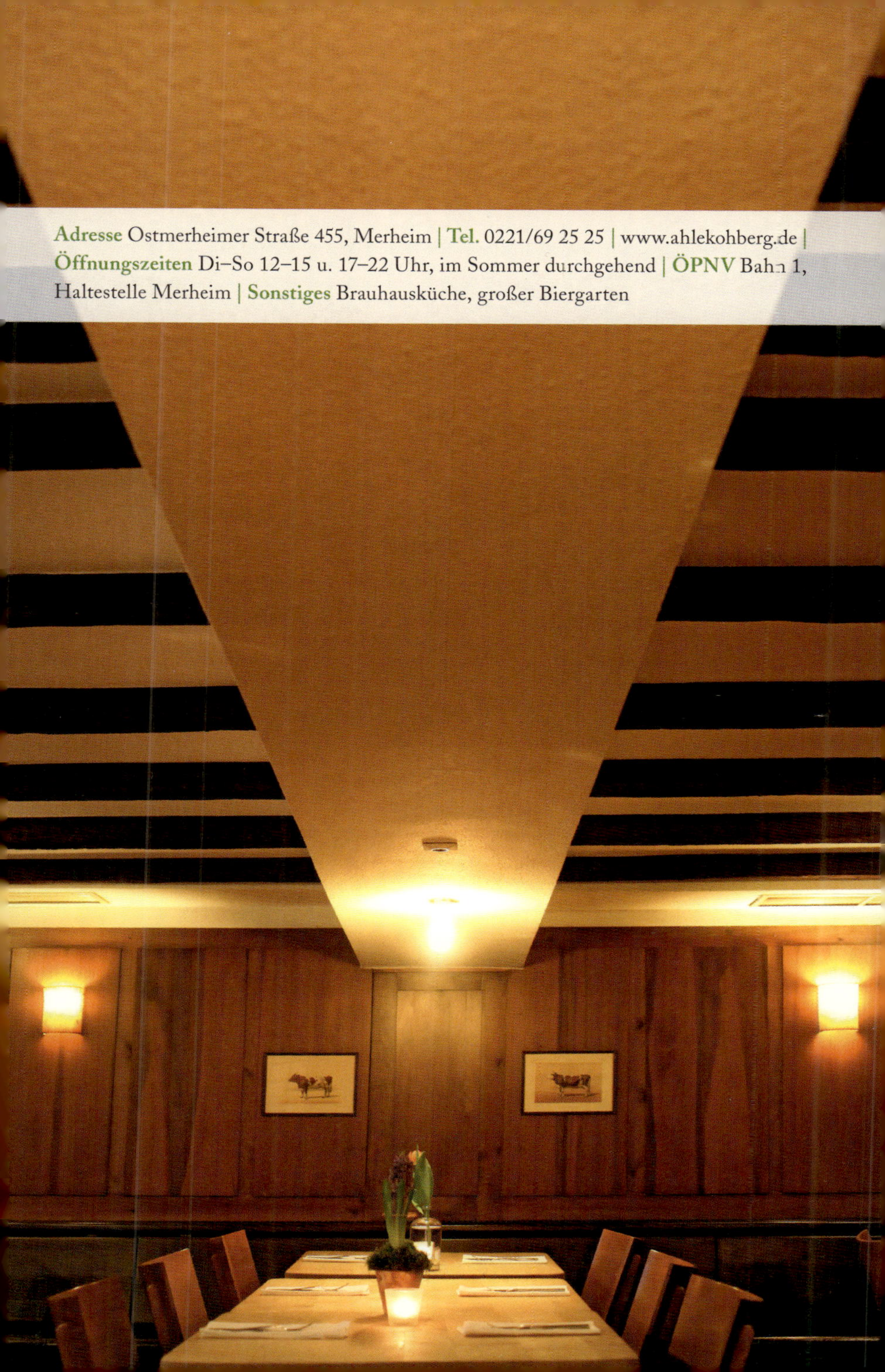

Adresse Ostmerheimer Straße 455, Merheim | **Tel.** 0221/69 25 25 | www.ahlekohberg.de | **Öffnungszeiten** Di–So 12–15 u. 17–22 Uhr, im Sommer durchgehend | **ÖPNV** Bahn 1, Haltestelle Merheim | **Sonstiges** Brauhausküche, großer Biergarten

25 Em Hähnche

Vorspannen am Mauspfad

Sowohl die aus Köln herausführende Olpener Straße als auch der um die Stadt herum verlaufende Mauspfad waren einst wichtige Handelswege. Genau an ihrer Kreuzung lag von 1725 an (andere Quellen sagen: 1782) ein landwirtschaftlicher Betrieb samt Gaststätte. Ihr frühester Name, »Zum Weißen Pferdchen«, ist sprechend, denn einen Teil ihres Einkommens bestritten die Wirtsleute mit sogenannten »Vorspann-Pferden«. Weil die Olpener Straße hier einen recht steilen Hügel zum Bergischen Land hin bildet, kamen die Kaufmannskarren nicht mit ihren eigenen PS aus.

Aus dem Bergischen stammte auch die Familie von Jacob Bliersbach, in dessen Besitz dieses Anwesen im Jahr 1855 überging. Zwischenzeitlich hatten die Franzosen im Rheinland die Gewerbefreiheit eingeführt, was sich zu einem regelrechten Kneipengründungs-Boom auswuchs. Brück expandierte, aber der Verkehr ließ nach, als um 1890 herum die parallel verlaufende, besser passierbare Rösrather Straße ausgebaut war. Eingemeindet wurde der Stadtteil erst 1914, ältere Postkarten des Hähnchens grüßen deswegen noch mit der Ortsbezeichnung »Brück bei Kalk«.

Im Gegensatz zu ihren Vorgängern hielten die Bliersbachs hier die Stellung, nicht zuletzt dank der Landwirtschaft. Aufgegeben wurde sie erst lange nach dem Zweiten Weltkrieg: Wegen der Anlage des Ostfriedhofs und dem Bau der A4 hatte man zu viele Flächen verloren, um noch erfolgreich wirtschaften zu können. Die Bier-Wirtschaft hingegen florierte und wurde bis 1987 in dritter Generation von Hans Bliersbach betrieben, bevor dieser sie verpachtete. Mit ihrem historischen Interieur gehört sie inzwischen zu den feinen Adressen der Kölner Brauhauslandschaft.

Der heutige Name des Lokals erklärt sich übrigens aus dem Abriss einer gegenüber gelegenen Kapelle. Deren vergoldeter Wetterhahn nämlich ziert seit 1930 den Dachfirst des Gasthauses.

Adresse Olpener Straße 873, Brück | **Tel.** 0221/84 33 34 | www.em-haehnche.info |
Öffnungszeiten täglich ab 16 Uhr | **ÖPNV** Bahn 1, Haltestelle Brück/Mauspfad |
Sonstiges Kölsche Küche, Biergarten

26 Em Höttche

Ein Gartenlokal am Ende der Stadt

Ein paar Hundert Meter weiter gen Osten, und Schluss ist's mit Köln. Entsprechend grün sieht es hier aus: Die Mühle des Thurner Hofs, die Reitwiesen des Hardthofes, die Iddelsfelder Hardt und die Schluchter Heide sorgen für ein ausgesprochen ländliches Umfeld. Das heute zu Dellbrück gehörende Höttche liegt auf dem Gebiet des alten Dorfes Strunden, benannt nach dem hier vorbeifließenden, für das Rechtsrheinische so bedeutenden Bach. Aus Bergisch Gladbach kommend, betrieb die Strunde im 19. Jahrhundert bis zu vierzig Mühlen und galt den Einheimischen als »der fleißigste Bach Deutschlands«.

1785, als dieses kleine Fachwerkhäuschen gebaut wurde, bestand die Gemeinde aus rund dreißig Gebäuden, die etwa zweihundertfünfzig Seelen beherbergten. Und noch eine weitere Zahl: Für die gesamte »Bürgermeisterei Merheim« (1905 umgetauft in »Dellbrück«) sind im Jahr 1841 immerhin einunddreißig Schankwirtschaften bezeugt, eine davon das Höttche. Deren erste Betreiber hießen sinnigerweise Bach, und in den Händen der Bachs blieb das Lokal auch für die nächsten zwei Jahrhunderte. Zwischenzeitlich, nämlich 1959, stand hier Klara »et Klärche« Merkelbach hinter dem Tresen, die jedoch 1976 die gegenüberliegende »Bürgerstube« eröffnete. Erst 1993 sah sich die Höttche-Erbin Liesel Bach zum Verkauf gezwungen, weil dem Gebäude der Abriss drohte. Hintergrund: Im Zuge einer neuen Verkehrsregelung plante die Stadt eine Verlegung der Gierather Straße. Aber so weit kam es glücklicherweise dann doch nicht. Das Höttche wurde nicht nur gerettet, sondern expandierte sogar. Mehrere komplette Renovierungen seit jenem Jahr gingen einher mit einem flachen Anbau zur Rechten, der dem Baudenkmal jedoch genügend Luft lässt. Wirklich altertümlich sitzt man hier seither nicht mehr an der Theke, sondern unter der niedrigen Balkendecke des Schankraums.

Adresse Gierather Straße 10, Dellbrück | **Tel.** 0221/998 17 45 | www.em-hoettche.info | **Öffnungszeiten** Di–Sa ab 16, Sa u. So ab 11 Uhr | **ÖPNV** Bahn 3, 18, Haltestelle Dellbrück/Hauptstraße oder Thielenbruch (Endstation) | **Sonstiges** Kölsche Küche, Biergarten

27 _ Em Kölsche Boor

Wehrhaft und trinkfest

Der Kölsche Boor, also Bauer, steht für die Wehrhaftigkeit der Stadt und ihrer Bewohner. Statuen, Reliefs und sonstige Bildnisse von ihm findet man viele in Köln, unter anderem im Rathaus, im Stadtmuseum, an der Eigelsteintorburg und natürlich als Teil des Dreigestirns. Außerordentlich standhaft ist auch das nach dem Bauern benannte Brauhaus in der Nordstadt. Seit mindestens 1797 wird hier Bier ausgeschenkt, aus jenem Jahr stammt jedenfalls die älteste Erwähnung. Sehr wahrscheinlich jedoch reicht die Tradition noch deutlich weiter zurück. Matthias Lölgen hieß damals der Brauer und das Lokal »Zum Elephanten«, was seinerzeit ziemlich exotisch geklungen haben muss.

Unter Friedrich Brückmann kam dann 1841 der Name »Zur Stadt Aachen« über die Eingangspforte, dies zu Ehren der neuen Bahnlinie der Rheinischen Eisenbahn-Gesellschaft. Als diese 1843 bis nach Belgien hinein erweitert wurde, fuhren hier die weltweit ersten grenzüberschreitenden Züge. Rund vierzig Jahre hielt sich die Bezeichnung »Stavenbräu«, die wegen der anrüchigen Stavenhof-Gasse um die Ecke ab 1912 wieder aufgegeben wurde. Seitdem betrieb Peter Baum das Brauhaus, das er auf den Namen »Em Kölsche Boor« taufte.

Baum war zugleich der Letzte, der hier auch tatsächlich Bier braute. Brauhaus und Brauerei wurden im Krieg zu Ruinen, für die sich mit dem gebürtigen Sauerländer Gustav Koch erst 1953 ein neuer Besitzer fand. In den 1960er Jahren wurde der Boor zu einem beliebten Tanzlokal vor allem für italienische Gastarbeiter, die sich hier dem Vernehmen nach mit meist etwas älteren Kölnerinnen vergnügten.

Rund um den Eigelstein existierten laut Kölner Brauer-Kataster seit 1838 immerhin achtzehn Brauereien. Noch heute findet man Gaffel direkt eingangs der Straße hinterm Dom. Und Gaffel Kölsch, das trinkt man auch hier im Kölsche Boor.

Adresse Eigelstein 121, Eigelsteinviertel | **Tel.** 0221/13 52 27 | www.koelscheboor.com |
Öffnungszeiten täglich ab 10 Uhr | **ÖPNV** Bahn 5, 12, 15, 16, 18, Haltestelle Ebertplatz |
Sonstiges Brauhausküche, Außengastronomie

28 __ Em Scheffge

Botteram und Flümmche für die Kappesbuure

Peter Schieren war Soldat der kaiserlichen Marine, den Ersten Weltkrieg überstand er an Bord der SMS Schlesien. Als dann 1955 der Schnapsbrenner Engelskirchen auf der Severinstraße in finanzielle Schwierigkeiten geriet, übernahm er dessen Gastwirtschaft und taufte sie eingedenk seiner maritimen Vergangenheit auf den Namen Em Scheffge. An das Geld für die Übernahme war er durch den Verkauf zweier Grundstücke gekommen, die dem Bau der Severinsbrücke im Weg gestanden hatten.

Hinter dem Lokal, wo sich heute ein Parkplatz befindet, lag in den 1920er Jahren die Brennerei Urbach. In der Nacht von Peter und Paul 1943 erhielt das Haus einen Volltreffer, kein Stein blieb auf dem anderen. Ohnehin war die Schnapsbrennerei von den Nazis untersagt worden. Aber bald nach dem Krieg ging es weiter. Rechts neben dem Eingang des Scheffge stand bis 1969 noch ein Schaukasten zur Ausstellung der Hausdestillate Korn, Wacholder und Gespritzter. Daneben: ein Wasserhahn samt Eimer für die Pferde der Bauern aus dem Vorgebirge, die auf dem Weg zur Markthalle waren. Außerdem seien die »Kappesbuure« hier auch mit je einem »Botteram« sowie einem neuen »Flümmche«, einer Peitschenspitze, versorgt worden.

1969 war auch das Jahr, in dem Peter Schierens gleichnamiger Enkel den Betrieb übernahm. Der gelernte Anstreicher hatte sich lange gegen den Job in der Gastronomie gesträubt. Aber als sein Vater Josef überraschend starb, musste er ran. Dreizehn Jahre stand er hinter den Zapfhähnen, bevor er das Scheffge ab 1982 verpachtete.

Was in diesem hübschen Traditionslokal sofort ins Auge fällt, sind die zahlreichen handwerklichen Prunkstücke, allen voran der denkmalgeschützte gekachelte Tresen. Die von W. J. Gross handgemalten Motive zeigen kölsche Handwerker und Originale sowie mittig ein großes Stadtpanorama. Ganz rechts: der Künstler im Selbstporträt.

Adresse Severinstraße 104, Südstadt | **Tel.** 0221/60 60 34 10 | **Öffnungszeiten** Mo–Sa
ab 9, im Sommer So 9–13 Uhr | **ÖPNV** Bahn 3, 4, Haltestelle Severinstraße; Bahn 15, 16,
Haltestelle Chlodwigplatz | **Sonstiges** Gutbürgerliche Küche, kleine Außengastronomie

29 Em Streckstrump

Jazz seit 1973

Der Strickstrumpf ist ein Wahrzeichen der Roten Funken. Einst eine Elitetruppe, verkamen die Stadtsoldaten im 18. Jahrhundert jedoch zunehmend. Kölns Beschützer waren arme Kerle, sie wurden herumgeschubst und verspottet. Und so mancher von ihnen musste sich ein kärgliches Zubrot gar mit Strümpfestopfen verdienen, bevor die Franzosen der Sache ein Ende bereiteten. »Streckstrump« heißt deshalb einer der »Knubbel« (Abteilungen) der Roten Funken, und so tauften sie dann auch ihr Vereinslokal in der Altstadt. Von 1962 bis 1973 lief hier vor allem Fastelovendsmusik, bevor »Papa Joe« Buschmann den Laden übernahm. Der hatte nach dem Krieg eine eigene Bigband gegründet und den amerikanischen Soldaten ihren Jazz gespielt, um dann in den 1960ern den Kölschen Boor am Eigelstein zu führen. Mit dem Etablissement am Buttermarkt jedoch erfüllte er sich seinen Traum vom reinen Jazzlokal. Im Laufe der Jahrzehnte wurde der Streckstrump bekannt in der ganzen Jazzwelt. Wer hier bereits alles aufspielte, dokumentiert seit 2010 eine gigantische Doppelcollage entlang den Wänden. Jahr für Jahr gehen mehr als vierhundert Live-Konzerte über die Bühne, allein sonntags jeweils zwei. Die neben der Tür fortlaufende Zahl der Gigs nähert sich inzwischen der 20.000er-Marke, wobei der stets freie Eintritt durch einen leicht erhöhten Bierpreis ausgeglichen wird.

Seit der fälligen Renovierung schmücken auch neue Scheinwerfer den Raum, die die technisch extrem versierte Buschmann-Familie aus nagelneuen Posaunen und Saxofonen baute. Auch wurde eine Glasplatte in den Boden eingelassen, um den mittelalterlichen Gewölbekeller optisch zu erschließen. Ansonsten jedoch ist die Raumstruktur in ihrer altbewährten Art beibehalten worden, inklusive der begehrten Plätze auf der zaunbewehrten Galerie. Und von der Karnevalsvergangenheit zeugt noch nebenan das Rote-Funken-Plätzchen.

Adresse Buttermarkt 37, Altstadt | **Tel.** 0221/257 79 31 | www.papajoes.de | **Öffnungs-zeiten** Mo–Sa ab 20, So auch Live-Konzert ab 15.30 Uhr | **ÖPNV** Bahn 1, 7, 9, Haltestelle Heumarkt

30 __ Flittarder Hof

Vom Melk- zum Zapfmeister

Michael Zimmer war Melkmeister auf dem Flittarder Paulinenhof, der dem Grafen Franz Egon von Fürstenberg-Stammheim gehörte. Dieser war zugleich Besitzer des Stammheimer Schlosses, das inzwischen genauso verschwunden ist wie der Hof. Den nämlich erwarb später die Bayer AG als chemische Versuchsfläche. 1908 kam jener Michael Zimmer in den Besitz des drei Jahre zuvor erbauten Flittarder Hofes, eines mächtigen Hauses an der Bahnhofsstraße, die später in Evergerstraße umbenannt wurde.

Bemerkenswert ist der kleinere der beiden Kneipensäle, der noch im Originalzustand von 1905 erhalten ist. Mit dem Anbau des großen Saals 1924 entwickelte sich der Flittarder Hof endgültig zum Zentrum aller dörflichen Festivitäten. Dort tagte der Fußball- und trainierte vor allem der Turnverein. Und bis in die 1950er Jahre hinein richtete man in »Zimmers Saal« sogar überregionale Turnwettkämpfe aus. Sportlichen Glanz verstrahlt bis heute der von Pokalen, Schalen und Medaillen überquellende Vitrinenschrank.

Michael und seine Frau Christine Zimmer hatten vier Söhne, von denen zwei im Krieg fielen. Seine einzige Tochter bestritt die Nachkriegszeit im Flittarder Hof. Klara, verheiratete Himmelreich, stand rund zwanzig Jahre hinterm Tresen, bevor sie 1971 abtrat. In den folgenden beiden Jahrzehnten sah sich die Zimmer-Familie dann zur Verpachtung gezwungen, die 1990 mit einer umfassenden Renovierung der Lokalität endete. Hans-Peter, ein Enkel des Gründers, orientierte sich dabei glücklicherweise an alten Fotos des Flittarder Hofes, sodass man hier heute in ein beinahe museales Geviert eintritt. An die Theke in S-Form schließen sich drei aufgeräumte Tischreihen an, die unter hohen Altbaudecken stehen. Angenehm dunkel ist es hier, aber gerade noch hell genug, um die vielen alten Aufnahmen und Dokumente an den Wänden zu studieren.

Adresse Evergerstraße 25, Flittard | **Tel.** 0221/66 47 41 | **Öffnungszeiten** täglich ab 16.30 Uhr | **ÖPNV** Bahn 4 bis Haltestelle Von-Sparr-Straße, dann Bus 151, 152 bis Haltestelle Edelhofstraße | **Sonstiges** Kleine Speisen

31 Die Försterstube

Chrompaste und KöPi-Vasen

Besonders stolz ist Elke Thelen-Huth auf ihre mittig auf der Theke platzierte Biersäule. Wo heute modernste Technik verborgen ist, wurde früher noch mit Blockeis gekühlt. Das Alter des metallenen Überbaus schätzt die Wirtin auf »mindestens siebzig Jahre«, und dementsprechend aufwendig wird er auch gepflegt. Weil die Oberfläche schnell beschlägt, muss hier jeden Tag mit Chrompaste gewienert werden. Das gute Stück wurde gerettet, als Elke Thelen-Huth die Försterstube im Dezember 1976 übernahm. Anders erging es der zeittypischen Tapete mit Wald- und Jagdmotiven, die wohl dem Namen des Lokals geschuldet war. Sie musste weichen und ist nur noch auf alten Fotos zu bestaunen.

Elke Thelen-Huth entstammt einer Gastwirtsfamilie mit langer Tradition. Zunächst in Dellbrück aufgewachsen, half sie schon als Kind mit im familiengeführten »Hotel Weiß« an der Thieboldsgasse nahe dem Neumarkt. In der Försterstube kocht zwar heutzutage ihr Mann, aber »Elkes Roastbeef« richtet die Chefin noch immer persönlich an, damit es genauso rosa wird, wie es sein muss.

Die gesamte Nachkriegszeit über und bis ins besagte Jahr 1976 hörte der Försterstubenwirt auf den Namen Hoch. In den dreißig Jahren seines zapfenden Schaffens ging, so sagt man, zu neunzig Prozent König Pilsener über die Theke. Warum das Duisburger Gebräu hier so beliebt war, vermag heute niemand mehr zu sagen. Wer glaubt, es könnte am überragenden Geschmack des Untergärigen liegen, kann die Probe aufs Exempel an Ort und Stelle antreten: Neben Gaffel Kölsch fließt hier weiterhin auch KöPi aus der Leitung. Oben im Regal stehen noch ein paar echte Schätzchen: große, bemalte KöPi-Vasen mit Seltenheitswert. Schon mehrmals habe die Brauerei versucht, ihr diese wieder abzukaufen, erzählt Elke Thelen-Huth. Aber auch ein Angebot über mehrere Hektoliter Pils prallte an ihr ab: »Die Vasen gehören da hin!«

Adresse Försterstraße 27, Ehrenfeld | **Tel.** 0221/55 47 96 | www.ehrenfelder.de/manni/ HOMEPAGE_FS.HTM | **Öffnungszeiten** Mo–Fr ab 16.30, Sa u. So ab 17.30 Uhr | **ÖPNV** Bahn 5, 13, Haltestelle Subbelrather Straße/Gürtel | **Sonstiges** Gutbürgerliche Küche

32 Früh am Dom

Ein tagtägliches Schauspiel

Die Geschichte von Kölns berühmtestem und größtem Brauhaus beginnt in Brühl. Einer Brauerfamilie dieses Städtchens nämlich entstammte jener Peter Josef Früh, der Ende des 19. Jahrhunderts eine Brauerei samt Brauhaus an der Apostelnstraße eröffnete. Weil das dort ausgeschenkte Aposteln-Bräu offenbar gut ankam, verkaufte er die Anlagen gewinnbringend und setzte sich ab 1898 für sechs Jahre zur Ruhe.

1904 dann der nächste Streich: In den Räumen eines ehemaligen Theaters schuf Früh die Bühne für ein Brauhaus-Schauspiel, das inzwischen seit über hundert Jahren tagtäglich gegeben wird. Begünstigt wurde der Gästezulauf noch durch die 1907 geschaffene Stollwerck-Passage, die das Lokal mit der Hohe Straße verband.

Weil die im Keller gelegene Brauerei unbeschädigt geblieben war, kam Früh auch nach 1945 relativ gut aus den Startlöchern. Hier unten Am Hof produzierte man auch für andere Häuser, die nicht so glücklich weggekommen waren. Schon 1950 sah hier alles wieder aus wie zuvor, und der nahe dem Dom und dem Bahnhof gelegene Biergarten erfreute sich regen Zuspruchs. Nachdem ab 1969 das Früh auch in Flaschen verfüllt wurde, überstieg der Ausstoß 1976 erstmals die 100.000-Hektoliter-Grenze.

Den größten Schritt seit seiner Gründung machte das kölsche Traditionshaus jedoch mit dem 1998 abgeschlossenen Umbau. Unter anderem entstanden damals die schicken Hofbräustuben im ersten Stock, wo einst die Wohnräume der Frühs gelegen hatten. Und weil die gesamten Braustätten ab 1985 nach Feldkassel ausgelagert wurden, kann seitdem auch im historischen Gewölbekeller gezecht werden. Aber wie heißt es auf der Homepage des Unternehmens: »Wer wirklich kölsche Brauhausatmosphäre schnuppern will, sollte wenigstens 1–2 Kölsch im Stehen in der Schänke trinken.« Also direkt vorn im Eingangsbereich, wo die Schwadlappen stehen – recht so!

Adresse Am Hof 12–14, Innenstadt | **Tel.** 0221/26 13-211 | www.frueh.de |
Öffnungszeiten täglich ab 8 Uhr | **ÖPNV** Bahn 5, 16, 18, Haltestelle Dom/Hbf |
Sonstiges Brauhausküche, großer Biergarten

33 Früh em Veedel
Der Invalidendom vom Chlodwigplatz

Das neogotische Gebäude am Severinstor entstand mit der Niederlegung der mittelalterlichen Stadtmauer im Jahr 1879. Von Beginn an wurde hier Alkohol veredelt, und der Tradition als Brennerei verdanken sich auch jene Bitterschnäpse, die es nur bei Früh gibt: Deck un Dönn, Alter Ulan sowie ein Pfefferminzlikör namens Stippeföttche. Die Früh-Dependance in der Südstadt trägt im historischen Kneipengedächtnis Kölns noch zwei weitere Namen. »Vormals Brennerei A. Hermann« besagt der Schriftzug über dem Eingang, denn bis 1979 bediente hier das Ehepaar Hermann die Zapfanlage. Sehr weit zurück reicht auch die Bezeichnung »Invalidendom«. Sie hat nichts mit einem etwaigen Siechenhaus zu tun, wie viele meinen. Nein, sie geht auf den Dôme des Invalides zurück, den der Sonnenkönig Louis XIV. gegen Ende des 17. Jahrhunderts für seine kriegsversehrten Soldaten errichten ließ. Weil sich auch in der Kölner Brennerei viele Veteranen trafen, entstand im Volksmund die Analogie zu jenem Pariser Bauwerk.

Im Veedel um den Chlodwigplatz herum war man anfangs gar nicht so begeistert von der Übernahme der familiären Traditionsgaststätte durch die große Brauerei aus der Altstadt. Im Nachhinein muss man jedoch sagen, dass die Zweifel unberechtigt waren. Kaum eine andere kölsche Wirtschaft hat sich ihren Charme, ihre altertümliche Atmosphäre so bewahrt wie das Veedelsfrüh. Im rechts gelegenen Essbereich finden sich zahlreiche historische Abbildungen aus der alten Zeit, aber vor allem der links gelegene Thekenraum versetzt den Gast mit seinem Eintritt in ein vergangenes Jahrhundert. Die bis unter die hohe Decke reichenden Regale stellen historische Brennereiutensilien aus, und der Blick nach unten lohnt sich ebenfalls: Die hübschen, beinahe unversehrten Kacheln stammen noch aus der Gründerzeit des Hauses.

Adresse Chlodwigplatz 28, Südstadt | **Tel.** 0221/31 44 70 | www.frueh.de |
Öffnungszeiten Mo–Sa ab 11 Uhr | **ÖPNV** Bahn 15, 16; Bus 132, 133, jeweils
Haltestelle Chlodwigplatz | **Sonstiges** Brauhausküche, Außengastronomie

34 Fünkchen's Bürgerstüffge

Wer ist Uschi?

Was zuerst ins Auge fällt, ist das Fachwerk-Imitat der Fassade. Innen, so wird man danach feststellen, korrespondiert es mit den billigen Holzpaneelen an den Wänden. Ansonsten ist das Nippeser Bürgerstüffge einer dieser Läden, über die man beim besten Willen nicht viel erfährt, in denen man aber mal gewesen sein muss. Mit dem Eintritt in den winzigen, geduckten Raum verlässt man die Alltagswelt und fällt aus der Zeit. Sobald sich die Tür schließt, ist nicht mehr klar, ob man sich in den 2010ern oder vielleicht doch im Jahr 1970 befindet. Was man sieht: eine hufeisenförmige Theke, um die man beinahe komplett herumgehen kann. Irgendwann früher soll sie sich rechts befunden haben. Irgendwann hat hier auch die Anni gearbeitet, ungefähr zwanzig Jahre lang. Soweit die Stammgäste wissen, war die damals mit Charly Süper zusammen, dem noch wilderen Bruder von Hans, dem Colonia-Duett-Süper. Aber dann hatte Anni genug von Köln und wechselte in eine Gaststätte im Westerwald.

Den Zusatz »Fünkchen's« bekam das Bürgerstüffge von der aktuellen Besitzerin, die natürlich Funk heißt. Im Internet behauptet jemand, dass hier bayrisches Pseudokölsch in die Gläser komme, das üble Kopfschmerzen verursache. Außen dran prangt hingegen die Leuchtreklame von Sünner. Und der Jemand behauptet weiter, dass die Kneipe in der Nachbarschaft nur »Uschis« genannt werde. Niemand wisse, woher der Name komme. Weder heiße die derzeitige Bardame so, noch kenne man eine Uschi aus der Vergangenheit. Uschi hin oder her – die Geschichte passt zum Bürgerstüffge.

Und nicht zuletzt: Viele alte Kneipen haben in den letzten Jahren ihre bunten Butzenscheiben durch Klarglas ersetzt. Das ist dann zwar auch traditionsgemäß bleidurchzogen, erlaubt aber Aus- und Einblicke. Das Bürgerstüffge, diese heimelige Kaschemme, ist von solchen Innovationen jedoch weit entfernt.

Adresse Merheimer Straße 73, Nippes | **Tel.** 0221/787 26 24 | **Öffnungszeiten** täglich ab 9.30 Uhr | **ÖPNV** Bahn 12, 15, Haltestelle Lohsestraße

35__Gaffel am Schlachthof

Blutverschmiert vom Schlates

Hier waren sie früher alle, vom En-Gros-Metzger (wie man die Fürsten der Zunft nannte) bis zum Gewürzfahrer (ja, die gab es auch). Im Lokal gegenüber dem Schlachthof traf man sich nach getaner Arbeit morgens um sechs zum Frühstück oder nachmittags zum ersten Kölsch. Die Stammgäste, unter ihnen viele Ehemalige des Schlachthofs, erinnern sich an Zeiten, in denen hier rudelweise Gäste mit blutverschmierten Schürzen aufliefen. Drei Metzgers-Kneipen gab es entlang der Liebigstraße auf zweihundert Metern, aber »Beim Haas« und die »Gaststätte Düsseldorf« sind verschwunden. Und inzwischen wird gegenüber auch nicht mehr geschlachtet: Die Geschichte des 1437 erstmals erwähnten Kölner Schlachthofs, der seit 1898 an der Liebigstraße zu finden war, endete am 31. Mai 2010.

Die heute hier würfeln, verkehrten in dieser Kneipe zum Teil schon in der Nachkriegszeit. Arthur Fix hieß damals der Wirt, und das Lokal verfügte über eine Kegelbahn (»zu kurz, um offiziell zu sein«) und einen Tanzsaal (»mit Rock 'n' Roll, Schlägereien und allem Pipapo«). Und vor der Tür war noch die Pferdetränke auszumachen, die hier einst gestanden hatte.

Der Fix soll ein Bier namens »Berg Kölsch« ausgeschenkt haben. Tatsächlich gibt es eine Brauerei aus Mülheim an der Ruhr, die neben »Berg Pils« ab 1963 auch ein Obergäriges namens »Mölmsch« im Programm hatte. Gut möglich, dass das seinerzeit auch nach Ehrenfeld exportiert wurde. Als Gaffel am Schlachthof gibt es die Wirtschaft ohnehin erst seit der Jahrtausendwende. Vorher hieß sie »Zur Kanne«, zum Beispiel noch in den 1970ern, als Susi und Oskar hinter der Theke standen (»unglaublich nette Leute, trinkfest und arbeitsscheu«, erzählen die Stammgäste). Seitdem überlebt hat das komplette Mobiliar, und ganz verschwinden wird die Schlachthaustradition hier sicherlich nie. Dafür sorgt schon der steinerne Geselle oben im Giebel des Gründerzeithauses: ein Ochse.

36 __ Gaffel im Linkewitz

Mit vereinten Kräften an die Theke

Wer an Niehl denkt, dem fallen die Autobauer von Ford ein und vielleicht das moderne Heizkraftwerk. Vor hundert Jahren war das noch ein bisschen anders. Industrie gab es hier nicht, Niehl war ein Fischerdorf. Und das »Haus Monjau« war so berühmt für seinen frischen Fisch, dass zeitweise ein eigener Fischer beschäftigt wurde, der morgens fing, was abends auf die Tische kam. Schon 1811 stand hier am Rhein eine Kneipe. Weil der Niehler Damm noch nicht existierte, lag sie direkt am Fluss. Knapp zweihundert Jahre später wäre allerdings beinahe Schluss gewesen mit dieser Traditionsgaststätte. Als die vorerst letzten Pächter 2009 das Linkewitz verließen, stand es fast ein Jahr lang leer. Die Hausbesitzer planten bereits, hier eine Wohnung einzurichten, aber plötzlich regte sich Leben im Viertel. Der Bausanierer Karl-Heinz Köckeritz erinnerte sich daran, hier als Zehnjähriger seine Kommunion gefeiert zu haben. Wehmut stieg in ihm auf, und er trommelte gemeinsam mit seiner Frau Karoline ein paar befreundete Unternehmer zusammen, die sich an der Rettungsaktion beteiligten. Ebenso mit dabei: mehr als zwei Dutzend freiwillige Helfer der unterschiedlichsten Gewerke. Mit vereinten Kräften gelang es, das Linkewitz wieder instand zu setzen. Die weißen Bodenkacheln wichen einem soliden Eichenparkett, die Bänke sind von gaffel-blauem Leder überzogen, und auf den Regalbrettern finden sich ungewöhnliche Spenden wie eine Sammlung von Karnevalsorden oder eine komplette Ausgabe des achtzehnbändigen Meyers Konversations-Lexikons aus dem Jahr 1893.

Was dabei herauskam, ist eine liebevoll eingerichtete Veedelskneipe, in der man sein Bier ausgesprochen gern trinkt. Dass sich hier ein »Club für anonyme und bekennende Bekloppte« gegründet hat mit dem Ziel, alles, nur kein Verein zu sein, verwundert nicht. Im Linkewitz fehlt es an nichts – außer am rechten Ernst.

Adresse Niehler Damm 171, Niehl | **Tel.** 0221/97 75 85 55 | www.gaffel-im-linkewitz.de |
Öffnungszeiten Mi–Fr ab 17, Sa u. So ab 11 Uhr | **ÖPNV** Bahn 16, Haltestelle Niehl/
Sebastianstraße | **Sonstiges** Kölsche Küche, Fisch-Schwerpunkt, Biergarten

37 Gaffel im Marienbild

Aachener statt Montparnasse

In alter Zeit hing in jeder kölschen Gastwirtschaft, die etwas auf sich hielt, irgendwo ein Bildnis der Muttergottes. Noch heute ist der Marienkult unter »kölsch-katholischen« Gläubigen weit verbreitet, man denke nur an die Schwarze Madonna aus der Kupfergasse. Und so findet sich auch im »Marienbildchen« eine in die Fassade integrierte Statue mit dem – hier sehr zarten – Jesuskind auf dem Arm.

Die Geschichte dieses Gebäudes reicht zurück bis ins frühe 18. Jahrhundert. 1721 erstmals erwähnt, diente es zunächst als Haltestelle für die Postkutschen zwischen Aachen und Köln. Nach einem Umbau fungierte das Haus ab 1880 für zwei Jahre als Dorfschule für die Kinder von Braunsfeld. Danach nahm es dann seine heute bekannte Form an: mit vielfach unterteilten Sprossenfenstern, dem kleinen repräsentativen Balkon unterm spitzen Giebel und dem links angeschlossenen Tor zum Hof. Heute gelangt man dort hindurch in den Biergarten.

Der berühmteste Wirt des Marienbilds war sicherlich Gustl Richter. Der Mann war nicht nur Vorsitzender des Hotel- und Gaststättenverbandes Nordrhein, sondern nebenbei auch Träger des »Diplôme d'Honneur« der Corporation des Vignerons de Champagne (1979). Und außerdem leitete er von den 1950er Jahren an diese Braunsfelder Traditionsgaststätte.

Bis 2007 trug das Braunsfelder Marienbild das Gewand einer französischen Brasserie, angelehnt an das berühmte Künstler-Lokal »La Coupole« am Pariser Boulevard du Montparnasse. Wer das Gaffel im Marienbild jedoch heutzutage betritt, steht in einem klassischen kölschen Brauhaus. Das Bier landet auf blank geschrubbten Ahorntischen, und selbst die Raumteiler sind bleiverglast. Back to the roots heißt es hier, und deshalb ziehen sich auch durch sämtliche Säle jene historischen Aufnahmen und Texte zur Geschichte der kölnischen Brauhauskultur.

Adresse Aachener Straße 561, Braunsfeld | **Tel.** 0221/50 05 51 60 | www.marienbild.de |
Öffnungszeiten täglich ab 12 Uhr | **ÖPNV** Bahn 1, Haltestelle Clarenbachstift |
Sonstiges Brauhausküche, Biergarten

38__ Das Gaffel-Haus
Bäcker, Brauer und die Brezel

1213 erstmals erwähnt, ist dieses Haus das älteste am Alter Markt. Damit reicht es tatsächlich zurück bis in die Zeit der Gaffeln, denen das Brauhaus heute seinen Namen verdankt. Gaffeln, so nannte man die politischen Handwerksverbände des Mittelalters, die 1396 mit dem Verbundbrief eine erste, vordemokratische Stadtverfassung schufen. In der Nummer 20 am Alter Markt traf sich jedoch nie die Brauer-, dafür immerhin ab 1920 die Bäcker-Innung. Der überlieferte Urname lautete hingegen »Zur Briezele am Apfelmarkt«, die Baumfrüchte wurden direkt um die Ecke verkauft.

Bald nach 1580 erhielt das Gebäude seine charakteristische Doppelhausfassade. Der angesehene Steinmetzmeister Benedikt von Schwelm ließ einen südlichen Zwillingsanbau hochziehen. Dieser bekam den Namen »Zum Dorn«. Die Trennwand zwischen den beiden Einheiten wurde aus Eichenfachwerk gezimmert, ein Umstand, der sich später bezahlt machen sollte. Der Beginn des 20. Jahrhunderts nämlich sieht das altehrwürdige Haus abbruchreif, nur das feste Holz und die Kunst der alten Handwerker verhinderten Schlimmeres. Um die fällige Komplettsanierung in die Wege zu leiten, wurde die Kommune neue Eigentümerin der Immobilie.

1943 brannte die Brezel zwar völlig aus, konnte aber ihre Außenmauern unbeschadet über den Bombenkrieg retten. Erhalten blieb auch die noch heute zu besichtigende Bittspruch-Tafel, auf der es heißt: »Dies hous steit in Gottes hand – zo der bretzel bin ich genannt.« Dennoch dauerte es bis zum Ende der 1950er Jahre, bis das Gebäude wiederauferstand. Dass hier im Jahr 1986 die Gaffel-Brauerei einzog, mutet konsequent an. Der Alter Markt, vom Verkehr im Gegensatz zu anderen Kölner Plätzen weitestgehend verschont, verlangte geradezu nach einem Brauhaus samt Außengastronomie. Und von der Brezel zum Bier ist es unter kulinarischen Aspekten schließlich auch nicht sehr weit.

Adresse Alter Markt 20–22, Altstadt | **Tel.** 0221/257 76 92 | www.gaffel-haus.de |
Öffnungszeiten täglich ab 11 Uhr | **ÖPNV** Bahn 1, 7, 9, Haltestelle Heumarkt |
Sonstiges Brauhausküche, Außengastronomie

39_ Gasthaus Fühlingen
Griechen, Italiener und der kleine Franzose

Angeblich hat Napoleon schon hier gesessen, so behauptet man zumindest in Fühlingen. Am 13. September 1804 sei er hier angekommen, um die Rheinregulierung zwischen Worringen und Dormagen zu inspizieren. Und weil auch Kriegsherren Hunger haben, sei er im hiesigen Gasthof eingekehrt. Drei Monate später ließ sich der kleine Franzose zum Kaiser krönen.

Völlig abwegig ist diese Geschichte nicht. Denn immerhin stammt das Haus an der Neusser Straße aus dem Jahr 1752, und man erzählt sich, dass es immer ein Gasthaus beherbergt habe.

Dass es heutzutage leicht verbaut, wie in den Boden gesunken wirkt, hängt mit dem örtlichen Kanalsystem zusammen. Um Abwasserrohre verlegen zu können, wurde die Neusser Landstraße hier auf ein höheres Niveau gebracht. Die alte, zur Straße hin gerichtete Eingangstür wäre seitdem nur unterirdisch zu betreten gewesen und wich einem Fenster. Stattdessen entert man das Fühlinger Gasthaus nun über den Hof. Der flachere rechte Teil dort, das war früher ein Schafstall und zeitweise auch eine Scheune. In der Zeit des deutschen Wirtschaftswunders hingegen schliefen hier Menschen. Keine französischen Kaiser, sondern Italiener, Griechen oder Türken – frühe Gastarbeiter, die hier eine bezahlbare Unterkunft fanden. »Restauration Ippen« hieß das Lokal seinerzeit und auch schon um 1900 herum. Hedwig Ippen heiratete Mitte der 1950er einen Mann namens Theo Otto, seitdem sprach man vom »Gasthaus Otto«. Und mit dem Ausscheiden seines Sohnes Rolf im Jahr 2001 erhielt es den heutigen Schriftzug: »Gasthaus Fühlingen«.

Ein paar Meter weiter stadteinwärts findet man das berühmte »Haus Fühlingen«, jene 1884 erbaute, seit Jahren ruinöse Villa, die einst dem Freiherrn von Oppenheim gehörte. Tagtäglich laufen hier Düstertouristen auf, denn angeblich spukt es dort. Wer danach wieder festen Halt sucht: Im gleichnamigen Gasthaus steht eine lange Theke.

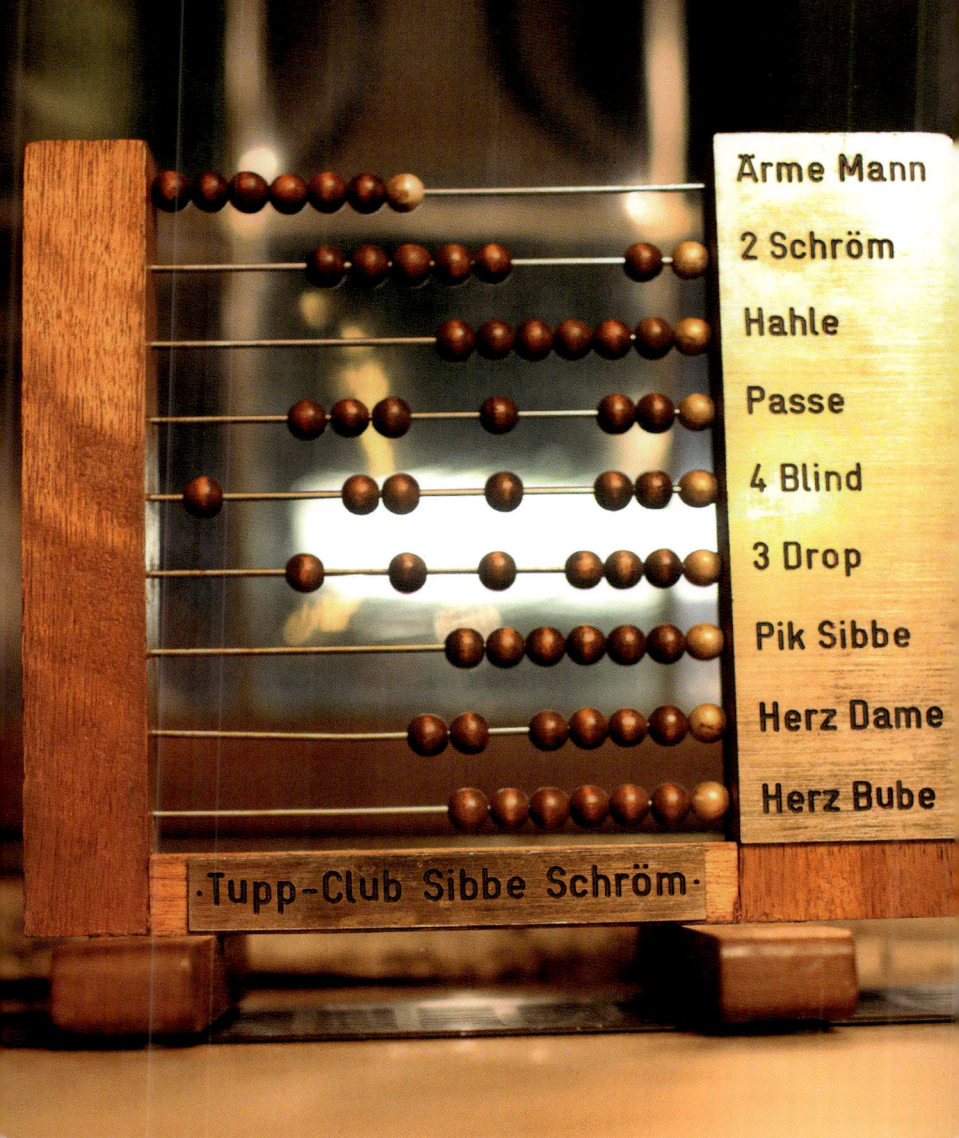

Ärme Mann

2 Schröm

Hahle

Passe

4 Blind

3 Drop

Pik Sibbe

Herz Dame

Herz Bube

· Tupp-Club Sibbe Schröm ·

Adresse Neusser Landstraße 98, Fühlingen | **Tel.** 0221/708 70 56 | www.gasthaus-fuehlingen.de | **Öffnungszeiten** Mo ab 17, Di–Fr 12–14.30 u. ab 17, Sa ab 15, So ab 10 Uhr | **ÖPNV** Bahn S11 bis Haltestelle Chorweiler, dann Bus 120 bis Haltestelle Fühlingen | **Sonstiges** Gemischte Speisekarte, Biergarten

40 Gasthaus Kranz

Hopfenträume in Porz

Das Gasthaus Kranz ist eine der letzten Skat-Hochburgen auf Kölner Stadtgebiet. Das deutsche Traditionskartenspiel wird vor allem vom Bundesligaverein Euroskat Köln hochgehalten, der hier trainiert. Und die stets gut besuchten Turniere im Gasthaus tun ein Übriges. Seit diese Wirtschaft Mitte der 1960er Jahre aufgemacht wurde, steht sie auch für einen guten Gulasch. Eines Tages, so erzählt man sich, sei ein Jagdfreund von Gründer Willi Kranz mit einem erlegten Reh durch den Schankraum in die Küche marschiert, dort wieder raus und ums Haus herum. Sieben Mal habe er die Tour absolviert und den erstaunten Gästen erklärt, das Wild sei für den hauseigenen Gulasch. Danach, so sagt man, stieg der Absatz rasant.

Willi Kranz, ein Bauunternehmer, und seine Frau Käthe führten das Gasthaus bis Ende der 1970er. Hier trafen sich Porzer Unternehmer, und hier verkehren bis heute diverse Porzer Sportvereine sowie die örtlichen Jagdhornbläser. Gabi Petri, die heutige Pächterin, steht seit 1998 hinter dem Tresen. Die gebürtige Hillesheimerin war mit neunzehn aus der Eifel nach Köln gekommen und betreibt das Gasthaus Kranz seitdem mit viel Engagement und zur Freude ihrer angestammten Gäste aus dem Veedel.

Die Porzer Bergerstraße bildet eine viel befahrene Verbindung zwischen der am Rhein entlangführenden Haupt- und der Frankfurter Straße. Idyllisch mutet der Stadtteil hier, direkt hinter der Bahnbrücke, nun wirklich nicht an. Dennoch ist das Gasthaus Kranz einen Ausflug wert. Hier herrscht die gediegene Konstanz einer intakten Veedelskneipe – trinkst du eins, trinkst du zwei, bist du dabei.

Eine Besonderheit ist die florale Dekoration der Gaststätte. Über alle Wände ziehen sich Strünke von dichtem Hopfen. Alljährlich im Spätsommer sammelt die Wirtin in der Eifel bei Bitburg dieses Kraut, das dann tatsächlich 365 Tage lang grün bleibt.

Adresse Bergerstr. 117, Porz | **Tel.** 02203/340 64 | www.gasthauskranz.info | **Öffnungszeiten** Mo–Fr ab 16, So ab 10.30 Uhr | **ÖPNV** Bahn 7, Haltestelle Porz/ Steinstraße | **Sonstiges** Gutbürgerliche Küche, Biergarten

41 Gaststätte B. Burger

Eine Kneipe für 36.500 Goldmark

Schon in der Mitte des 19. Jahrhunderts betrieb hier die Bauers-
familie Küchenhofen nebenher einen Schankraum. Als man das
Gehöft 1896 aufgab, ging es für 36.500 Goldmark an die Familie
Meurer. Ein stolzer Preis im Übrigen, denn laut Statistischem
Bundesamt lag die Kaufkraft einer kaiserlichen Mark seinerzeit
bei rund zehn Euro.

Anton Meurer war ein gelernter Schlosser. Wie seine Frau
Marie, so heiratete auch seine Tochter Lisa einen Mann fern der
Gastronomie. Auf Bernhard Burger, ursprünglich Metzger, geht
auch der bis heute gültige Name »B. Burger« zurück.

Als 1950 hinten im Garten eine Kegelbahn angebaut wurde, war
Bernhard bereits zehn Jahre tot. Lisa hingegen segnete erst 1966
im Alter von siebzig Jahren das Zeitliche. Mit ihrer recht burschi-
kosen Art hatte sie sich einen über Rath hinausreichenden, vor allem
bei den braven Bürgersleuten nicht unumstrittenen Ruf erarbeitet.

Das verwunschene Häuschen an der Eiler Straße blieb auch
später in Burger-Hand. In den Jahrzehnten nach Mutter Lisa wirkten hier deren Kinder Marlies und Willy sowie dessen Frau Hilde.
Aus dieser Ehe gingen wiederum zwei Kinder hervor, deren eines
sogar Koch lernte. Aber weil Hildes Kräfte nachließen und die
Kinder einen anderen Lebensplan verfolgten, endete die Familientradition nach rund hundert Jahren.

Seit 1996 nun gehört das Burger dem Rather Garten- und Land-
schaftsbauer Matthias Keren und seiner Frau Trude. Die leicht ab-
gewirtschaftete Wirtschaft wurde mithilfe einiger 100.000 Euro
generalsaniert. Wo zuvor eine alte Waschküche gestanden hatte,
sitzt man nun sommers im Biergarten. Neben den Heiz- und Sani-
täranlagen wurden auch die maroden hölzernen Bauteile ersetzt –
ohne jedoch den Charme der Schänke zu zerstören. Wer hier ein
Bier trinkt, tut dies in über einhundertsechzigjähriger Tradition.
Und das schmeckt man noch immer.

Adresse Eiler Straße 145, Rath-Heumar | **Tel.** 0221/801 98 46 | www.b-burger-rath.de |
Öffnungszeiten täglich ab 12 Uhr | **ÖPNV** Bahn 9, Haltestelle Rath/Heumar |
Sonstiges Gutbürgerliche Küche, Biergarten

42 Gaststätte Goebels

Kneipe, Kolonialwaren und Spezereien

Die kaum fünfzig Meter lange Kirchgasse im verschlafenen Dörf-chen Esch führt zu einem bemerkenswerten Friedhofsportal mit eingearbeiteter Kreuzigungsgruppe. Auf halbem Weg liegt der Eingang zur Gaststätte Goebels. Dieses ehrwürdige dunkelbrau-ne Backsteinhaus stammt aus der Mitte des 18. Jahrhunderts, und in die Hände der Familie Goebels kam es im Jahr 1905.

Unter Franz und Hubertine Goebels, die aus Neuss zugewan-dert waren, hieß die Gaststätte noch »Zur Erholung«. Mit zum Anwesen gehörten Schweine und ein Pferdestall, außerdem be-trieben die Eigner zusätzlich einen kleinen Laden. »Lebensmittel-und Spezerei-Handlung« stand auf den Schildern, hinter denen sich, so die Erinnerung von Hubertines gleichnamiger Enkelin, auch in der Nachkriegszeit noch die Fledermäuse versteckten.

Mit Mathias und Anna übernahmen um 1940 zwei Goebels-Kinder die Regie, der Name lautete nun »Gaststätte Geschwister Goebels«. 1932 kam zum ohnehin multifunktionalen Betrieb auch noch die Escher Poststelle hinzu, die ab 1942 auch mithilfe von Mathias' Frau Sophia unterhalten wurde. Wer heute hier sein Bier trinkt, sitzt in einem schön-schlichten Thekenraum, der nahtlos in den 1995 fertiggestellten Restaurantbereich übergeht. Rechts hinten finden sich noch ein paar Erinnerungsstücke, etwa die Kaufmannswaage des einstigen Ladens. Mathias Goebels hinter-ließ zwei Kinder – Franz und die bereits erwähnte Hubertine, ver-heiratete Litzenroth, deren Kinder Manuela und Guido heute die Geschäfte führen. Ihr Bruder Franz war zunächst im berühmten Käsehaus Wingenfeld auf der Ehrenstraße in die Lehre gegangen, bevor er 1986 mit in die Gaststätte einstieg. Als er 2006 starb, war aus dem Sälchen im ersten Stock längst ein kleines Hotel mit sieben Zimmern geworden. Und ein Jahr zuvor hatte der resolute Gastronom sich noch seinen größten Wunsch erfüllt: Eimol Prinz von Esch zo sin.

Adresse Kirchgasse 1, Esch | **Tel.** 0221/590 17 36 | www.hotel-goebels.de | **Öffnungs-zeiten** Fr–Mi 11–14 u. ab 17 Uhr | **ÖPNV** Bahn 3 bis Haltestelle Bocklemünd, dann Bus 126 bis Esch/Friedhof | **Sonstiges** Gutbürgerliche Küche, Biergarten

43 Gertrudenhof

Kölsch im Schatten von St. Aposteln

Gastronomische Freiflächen waren früher rarer gesät als heute. Seine große Terrasse besitzt der Gertrudenhof seit 1978. Stadtplanerische Maßnahmen schufen zur Mittelstraße hin eine Insel, wo zuvor lediglich ein kaum meterbreiter Bürgersteig bestanden hatte. Viel Verkehr sei hier immer vorbeigerauscht, erinnern sich die langjährigen Gäste. Und reger Verkehr herrschte bis in die frühen 1990er Jahre hinein auch vormittags schon an der Theke. Um neun Uhr morgens, so wird erzählt, sei der Laden meist rappelvoll gewesen. Dann stimmten sich hier nämlich die anrainernden Geschäftsleute mit einem Kölsch und Mettbrötchen auf den Tag ein.

Als eines der wenigen Häuser am Neumarkt hatte dieses Gebäude im Schatten von St. Aposteln dem Bombenhagel des Zweiten Weltkriegs standgehalten. Unterm Dach wohnte zu Anfang des 20. Jahrhunderts der Großvater der heutigen Köbes-Legende Eddy Erdkamp. Fotos aus jener Zeit belegen, dass die Fassade schon damals den gleichen glatten Putz aufwies, nur der Kneipeneingang war etwas weiter rechts. Auch einige Exemplare der schönen Siphon-Sammlung über dem Tresen dürften noch aus dieser Zeit stammen.

Nach 1945 schwang hier Martha Lemmer das Zepter, deren Familie aus dem Viertel rund um den Neumarkt stammte. Als sie in den 1970ern altersbedingt ausschied, erhielt sie vom neuen Besitzer des Hauses, der Kreissparkasse, Wohnrecht auf Lebenszeit. Auch der Gastwirt H. Frink, der die Wirtschaft dann übernahm, hatte die Immobilie erwerben wollen, aber das Geldinstitut hatte ihn schlicht überboten. Seit 2010 führt nun der erfahrene Gastronom Franz-Josef Jansen den Gertrudenhof. Rund um die fast quadratische Theke mit ihren zwei netten Nischen wird sich dadurch jedoch nichts ändern. Hier wird Sion ausgeschenkt, und brauhausartig, wie das Lokal nun mal ist, kommt das Kölsch stets direkt aus dem Fass.

Adresse Apostelnstraße 2 a, Innenstadt | **Tel.** 0221/257 80 05 | **Öffnungszeiten** Mo–Sa
ab 10 Uhr | **ÖPNV** Bahn 1, 3, 4, 7, 9, 16, 18, Haltestelle Neumarkt | **Sonstiges** Brauhaus-
küche, Außengastronomie

44_ Gezeiten

Azulejos und Erdbeerlimes

Kacheln heißen im Portugiesischen »Azulejos«. Die ursprünglich arabischen Dekorationsobjekte kamen ab dem 15. Jahrhundert in höfischen Kreisen Portugals in Mode, und nach dem verheerenden Erdbeben von 1755 gelangten sie auch in die wiederaufgebauten einfachen Haushalte. Heutzutage findet man in keinem anderen europäischen Land mehr kunstvoll gefliese Flächen als dort.

Im Zusammenhang mit dem Gezeiten im Kölner Agnesviertel sind diese Informationen nicht ganz unwichtig, denn bis 1995 handelte es sich um ein portugiesisches Lokal. Und zwar um eines, in dem sämtliche Wände und Decken mit Azulejos bedeckt waren. Als sich Inci Edge, die heutige Wirtin, 1999 an die harte Renovierungsarbeit machte, beließ sie einige der portugiesischen Relikte an Ort und Stelle. Sie sind zum Beispiel auf den Fenstersimsen und im Toilettenbereich zu finden.

Inci Edge ist der kölsche Spross einer türkisch-bayrischen Liaison. Zwar malochte ihr Vater bei Ford, aber auch er und seine Frau waren schon gastronomisch tätig: Mit der sogenannten »Frikadellenlizenz« verkauften sie den moslemischen Arbeitskollegen schweinefreie Fleischbällchen. Die Familie lebte in der unmittelbaren Nachbarschaft des Lokals, das damals noch »Don Pepe« hieß. Die Anwohner erinnern sich an große Limousinen, denen sonnenbebrillte Herren und Damen in Pelzmänteln entstiegen. Wer hier eingelassen werden wollte, musste klingeln. Noch heute stecken die alten Fensterscheiben in ihren Rahmen: so abgedunkelt, dass Einblicke von der Straße her erschwert werden.

Das Gezeiten hingegen ist ein ausgesprochen einladendes Lokal, in dem sich – nicht nur, aber auch – die Kölner Lesbengemeinde einfindet. Dass hier in der Mehrzahl Frauen verkehren, mag man zudem an den vielen Süßgetränken ablesen, allen voran: der auf der Basis von Wodka und Früchten selbst gemachte Erdbeerlimes.

Adresse Balthasarstraße 1, Agnesviertel **| Tel.** 0221/474 77 03 | www.gezeiten-koeln.de |
Öffnungszeiten Sommer: Di–So ab 18, Winter: Di–So ab 19 Uhr **| ÖPNV** Bahn 12,
15, Haltestelle Hansaring **| Sonstiges** Wechselnde Speisekarte, Außengastronomie

45 Gilden im Zims

»Heimat kölscher Helden«

Köln ist bekannt für seine romanischen Kirchen und den gotischen Dom. Spätere Epochen haben hingegen kaum Spuren hinterlassen. Einer der wenigen Profanbauten der Renaissance steht am Heumarkt. Das einstige Haus »Zum Sankt Peter« wurde wahrscheinlich 1568 errichtet, und zwar im Auftrag des Ratsherrn Wilhelm Peter ter Laen von Lennep. Der heutige Namensgeber Hans Zims (1908–1980) war vor seiner Karriere als Wirt ein berühmter Kölner Radsportler, dem seine Erfolge bei Sechstagerennen den Titel »König der Nächte« einbrachten.

Nach seinem Tod dümpelte das Haus Zims über viele Jahre ziemlich stillos dahin, als durchschnittliches Touristenrestaurant. 2009 jedoch ergriff die Karnevalsprominenz das Zepter, um hier eine »Heimat kölscher Helden« zu installieren. Im Schulterschluss mit der Gilden-Brauerei sollte hier zudem eine Art Fastelovends-Brauhaus für das ganze Jahr entstehen. Und irgendwie büttenrednerisch muten auch einige der Texttafeln zu Exponaten wie der Büste Agrippinas oder den Bildnissen von Marsilius und Bürgermeister Gryn (»Volksvertreter mit tierischem Mut«) an.

Während im Parterre eher veredelte Brauhausatmosphäre herrscht, wird es in den Untergeschossen spannend. Hier wurden die bei der Renovierung entrümpelten, bis zu sechs Meter hohen Kellergewölbe gastronomisch erschlossen. Über mehrere eingezogene Ebenen gelangt man immer tiefer in den Bauch des Heumarkts, bis hin zur finalen Bar mit der gigantisch-glitzernden Narrenkappe im Rücken. Freigelegtes Mauerwerk aus vergangenen Jahrhunderten korrespondiert mit zeitgenössischem Glattbeton und hochmoderner Technik. In der Wand eingelassene Bildschirme und Lautsprecher, im Boden Sichtfenster zu Kellerräumen mit hindrapierten Mittelalter-Scherben: Das Gilden im Zims, wie es nun heißt, geht einen höchst ambitionierten Weg. Wohin er führt, bleibt abzuwarten.

Adresse Heumarkt 77, Altstadt | **Tel.** 0221/16 86 61 10 | **Öffnungszeiten** Mo–Fr ab 12, Sa u.So ab 11 Uhr | **ÖPNV** Bahn 1, 7, 9, Haltestelle Heumarkt | **Sonstiges** Brauhausküche, Außengastronomie

46_ Golde Kappes
Kneipe, Kohl und Hexagramm

Warum der Golde Kappes seine Kunden mit einem goldenen Kohlkopf plus sechszackigem Stern über dem Eingang begrüßt? – Ganz einfach: Der Kohl rührt daher, dass die angrenzende Florastraße im Jahr 1913, als der Kneipenname aufkam, noch »Kappesgasse« hieß. Diese wiederum war nach dem vorherrschenden Produkt der umliegenden Bauern benannt. Und das sogenannte Hexagramm hat nichts mit dem Davidstern zu tun, sondern diente traditionsgemäß als das Symbol der Brauerzunft. Es repräsentiert die vier Elemente, die für die Bierproduktion von Bedeutung sind. Gerste und Hopfen gedeihen in der Erde, gebraut wird mithilfe von Wasser und Feuer, während die Luft wichtig für die Gärung des Suds ist.

An der Ecke Neusser und Einheitsstraße hat mit großer Wahrscheinlichkeit schon vor Jahrhunderten ein Brauhaus gestanden. Die moderne, bis in unsere Gegenwart reichende Ära beginnt jedoch mit dem Nippeser Wirt Matthias Becker in besagtem Jahr 1913. Vielen gilt diese Eckkneipe seither als das Herz von Nippes, aber im Februar 2009 hätte es beinahe aufgehört zu schlagen. Die Wirtsfamilie d'Agnolo, Nachfahren Beckers, hatte Konkurs angemeldet. Monatelang stand der Kappes leer, bis die Brauerei Früh in die Bresche sprang. Um Platz für eine richtige Küche zu schaffen, wurden tragende Wände entfernt. Und weil das zuvor von Mühlen belieferte Haus nicht nur sanierungsbedürftig, sondern zudem einsturzgefährdet war, mussten hier über vierzig Tonnen Stahl eingezogen werden.

Seit der Wiedereröffnung im November 2009 verfügt der Kappes nun über zwei neue Sälchen im ersten Stock. Erhalten blieb hingegen der beliebte Thekenbereich mit dem kunstvoll geschnitzten Beichtstuhl. Matthias Becker hatte seinerzeit zur Eröffnung eine Anzeige geschaltet, in der er »um gütigen Zuspruch« für seine Restauration bat. Den hat der Kappes bekommen.

Adresse Neusser Straße 295, Nippes | **Tel.** 0221/92 29 26 405 | www.emgoldekappes.de |
Öffnungszeiten täglich ab 10 Uhr | **ÖPNV** Bahn 12, 15, Haltestelle Florastraße |
Sonstiges Brauhausküche, Außengastronomie

47 Die Groov-Terrasse

Rheinfrust und Rheinlust

Von den vielen Ausflugslokalen an der Zündorfer Groov ist die Terrasse das älteste. Vorher hatte es hier lediglich die »Ritterburg« gegeben, eine waschechte Rheinschiffer-Kneipe. Weil sie noch näher am Rhein lag, stand sie regelmäßig unter Wasser und wurde schließlich 1926 abgerissen. Bereits 1859 hatte die Groov-Terrasse geöffnet, damals noch unter dem Namen »Zur Rheinlust«. Gründer war der gelernte Brauer Gottfried Geilenberg, der hier einen Ausschank samt Brauerei betrieb. Letztere, die Union Brauerei, zog später an den Rosenhügel, während die Rheinlust in den Besitz eines Balthasar Platz überging. Dieser beantragte im Jahr 1909 eine Genehmigung für Motorboot-Landebrücken. Was damit entstand, war ein Biergarten mit Schiffsanleger – möglicherweise der Startschuss für die touristische Karriere der Zündorfer Groov.

Um 1920 herum hieß der Wirt Paul Klein. Dessen Sohn Peter erzählte später, er habe im Bett liegend stets den Gesängen des im Saal probenden Kirchenchors gelauscht. Dies habe bei ihm den Wunsch ausgelöst, selbst Sänger zu werden. Und der ging auch tatsächlich in Erfüllung: Aus dem Porzer Peter Klein (1907–1992) wurde ein Musikprofessor und Tenor an der Staatsoper in Wien. Dort auf dem Zentralfriedhof liegt er auch begraben.

Vater Paul wechselte später als Wirt in den »Deutschen Rhein«, die heutige »Hubertusklause« an der Zündorfer Hauptstraße. Das dortige, um 1880 errichtete Gebäude wurde angeblich mit abgezweigten Steinen der benachbarten Kirche gemauert. Die »Rheinlust« wiederum durchlief noch mehrere Namensänderungen, bevor sie zu ihrem heutigen, etwas verwirrenden Titel kam. Denn natürlich findet sich hier die sehr idyllische, direkt am Wasser liegende »Terrasse«, auf die der Name anspielt. Aber andererseits ist dieses Lokal im Innern noch immer das, was es schon vor gut hundertfünfzig Jahren war: eine echte Dorfschänke.

Adresse Am Markt 4, Zündorf | **Tel.** 02203/855 44 | www.groov-terrasse.de | **Öffnungszeiten** täglich ab 11.30 Uhr, Nov. bis April Mi geschlossen | **ÖPNV** Bahn 7, Haltestelle Zündorf | **Sonstiges** Gutbürgerliche Küche, großer Biergarten

48 Haus Rüger
Zollstock, Ziegel, Butzenscheiben

Bis ins 20. Jahrhundert hinein existierten im heutigen Zollstock zahlreiche Ziegeleien. Die durch den Stadtteil führende Vorgebirgsstraße hieß nicht umsonst früher Ziegeleiweg. Und so war es auch ein Ziegeleibesitzer namens Wilden, der im Jahr 1889 ein Haus an der Ecke Höninger und Gottesweg bauen ließ. Es war dies die Zeit, in der die Bebauung Zollstocks systematisch voranging, überall entstanden Einzelhäuser beziehungsweise ganze Blocks, die das Viertel zunehmend konturierten. Der erwähnte Herr Wilden gab seine Immobilie bereits wenige Jahre später an einen Herrn Kayser ab, mit dem dann auch die Geschäftstätigkeit im unteren Stockwerk begann. Die Kaysers unterhielten hier einen Kleinhandel, der sich um 1900 herum in eine Wirtschaft verwandelte. Zwischenzeitlich hieß diese auch »Zur Krone« und der Inhaber Seis, bevor noch vor dem Ausbruch des Zweiten Weltkriegs die Rügers einzogen. Sie bewältigten den Wiederaufbau nach 1945, und nach ihnen ist das Lokal auch bis heute benannt.

Für Zollstock historisch bedeutsam war der 8. Oktober 1930, als sich hier am Höninger Weg der »Kleinkaliber-Schützen-Verein Köln-Zollstock« gründete, der heute unter dem Namen »Schützengesellschaft Adler« firmiert. Eine große Bürgerversammlung erlebte das Haus Rüger auch 1952, als man dort den ursprünglich 1908 gegründeten »Allgemeinen Bürgerverein Zollstock« wiederbelebte. Bis heute leistet diese Institution rührige Geschichtsarbeit, die unter anderem die Informationen für diesen Text hier beisteuerte.

Mehrere Pächterwechsel in den letzten Jahrzehnten konnten der Restauration nichts anhaben. Auch unter dem neuen Wirt Petrus Michel van Haasteren, der zuvor das »Alderthümche« in Deutz geleitet hatte, bleibt das Haus Rüger eine typische kölsche Eckkneipe mit geschrubbten Holztischen und Butzenscheiben zwischen Tresen und Saal.

Adresse Höninger Weg 200, Zollstock | **Tel.** 0221/98 54 77 70 | **Öffnungszeiten**
Mo–Fr ab 11, Sa ab 16 Uhr | **ÖPNV** Bahn 12, Haltestelle Gottesweg | **Sonstiges**
Gutbürgerliche Küche, Außengastronomie

49__ Haus Scholzen

Gastlichkeit und »Kölscher Grappa«

»Also, das Wort ›Kneipe‹ passt hier nicht«, sagt Marie-Luise Scholzen. Denn Haus Scholzen ist eine sehr gepflegte, sehr kölsch-traditionelle Gastwirtschaft mit langer Geschichte. Scholzens arbeiten hier inzwischen in vierter Generation, eine Gastronomen-Historie, wie man sie nicht mehr so häufig findet.

Angefangen hat alles mit Carl und Angelika Scholzen, die im Jahr 1907 den »Ehrenfelder Hof« aufkauften. Der diente vor allem als Ausflugslokal für solche Kölner, die mal raus aus der engen, stickigen Innenstadt wollten. Ehrenfeld, erst 1888 eingemeindet, war damals noch ein Dorf, und vor dem »Ehrenfelder Hof« standen einst − wie im Wilden Westen − Stangen zur Befestigung der Pferde.

Carl, der gelernte Kellner, führte das nun in Haus Scholzen umbenannte Lokal bis 1943. Als er es nach einem alliierten Bombenangriff in Flammen aufgehen sah, setzte sein Herz aus. Übrig geblieben war von diesem mächtigen Bau lediglich eine Säule, die sich heute rechts neben der Tür zum Flaschenverkauf im Mauerwerk verbirgt. Dieser kleine Thekenbereich war es auch, mit dem man hier nach 1945 wieder anfing. Stockwerk für Stockwerk fand das Haus zu seiner alten Pracht zurück. Marie-Luise und ihr Mann Karl übernahmen 1975 die Geschäfte und setzen in Ehrenfeld weiter auf Konstanz. Die 1952 eingeführten schwarz-roten Bodenkacheln werden bei Bedarf bis heute nach exakt gleicher Fertigung nachbestellt.

Der Familienbetrieb an der Venloer hat diverse Spezialitäten im Angebot. Beliebt ist etwa der »Ehrenfelder Senfrostbraten«, der sich hervorragend mit den hauseigenen Schnäpsen abrunden lässt. Dazu zählt neben dem Kräuterhalbbitter »Scholzens Jagd« seit geraumer Zeit auch ein »Kölscher Grappa« auf Rieslingbasis. Sommers trinkt man den vielleicht gern im grünen Innenhof, aber der schönste Platz ist hier immer noch an der Theke.

Adresse Venloer Straße 236, Ehrenfeld | **Tel.** 0221/51 59 19 | www.haus-scholzen.de |
Öffnungszeiten Mi–So 11.30–15 u. 17–24 Uhr | **ÖPNV** Bahn 3, 4, Haltestelle Pius-
straße | **Sonstiges** Gutbürgerliche und kölsche Küche, Biergarten

50__ Haus Töller

Der Geist des reinlichen Döres

Es war im Jahr 1859, als Peter Töller in der Weyerstraße eine Branntweinbrennerei eröffnete. Zusätzlich wurde hier auch noch Brot verkauft, eine charmante Mischung. Fünf Jahre später gelangte Töller in den Besitz des Nebenhauses und stellte sich damit in eine lange Traditionslinie.

Denn das »Steynen Huys« – so genannt, weil es nicht aus einfachem Fachwerk bestand – wird bereits 1349 in einer Urkunde erwähnt und gilt als eines der ältesten überhaupt in der Stadt. Zahlreiche Besitzer gaben sich hier über die Jahrhunderte die Klinke in die Hand, amtliche Unterlagen verzeichnen sowohl Patrizier als auch Bürger und Bauern. Schon seit 1412 sind in den städtischen Steuerlisten diverse Brauhäuser in der Gegend hinter dem ehemaligen Weyertor registriert. Unter französischer Herrschaft bekam das Haus auch eine Nummer: 6377.

Peter Töller meldete seine Brauerei 1871 an und erweiterte zugleich das Gebäude. Ihm folgte 1889 sein Sohn Theodor, auch der »reinliche Döres« genannt. Sein Sauberkeitsfimmel war legendär, immer soll er mit einem »Plaggen«, einem Wischtuch, über der Schulter aufgetreten sein. Weil ihm der Tabak stank, war das Haus Töller zudem die wohl erste Nichtraucherkneipe Kölns. Mondäner ging es im Töller dann ab 1912 zu. Unter der Regie von Peter Esser wandelte sich das Gasthaus zu einem Prominentenlokal. Im Gästebuch verewigten sich seitdem Schauspieler wie Willy Birgel und Paul Hörbiger, Künstler wie Willi Ostermann und Anton Räderscheidt oder auch Sportler wie Tschik Cajkovski und Rudi Altig. Die Esser-Ära währte bis in die 1980er Jahre.

Seine archaische Atmosphäre verdankt dieses Brauhaus seiner Einrichtung, die seit 1871 fast unverändert ist. Wer einmal an einem der flach gescheuerten Tische Platz nahm, der weiß: Hier wird restauriert, nicht neu gekauft. – Eine Tradition, die sich möglicherweise dem Geist des reinlichen Döres verdankt.

Adresse Weyerstraße 96, Griechenmarktviertel | **Tel.** 0221/258 93 16 | www.haus-toeller.de | **Öffnungszeiten** Mo–Sa ab 17 Uhr | **ÖPNV** Bahn 12, 15, 16, 18, Haltestelle Barbarossaplatz | **Sonstiges** Brauhausküche

51 Haus Unkelbach

Ein weiter Bogen

Das lateinische Wort »uncus« übersetzt man am ehesten mit »Bogen«, »Haken«. Daher stammt auch der Name des Örtchens Unkelbach bei Remagen: Der Rhein windet sich dort in einem weiten Bogen nach Nordwest. Gar nicht hakenschlagend, sondern sehr gradlinig durchmaß hingegen jener Karl Unkelbach seine Karriere, der im Jahr 1930 die Konzession für eine Gaststätte an der Weyerstraße 112 erhielt. Gerade einmal zweiundzwanzig Jahre alt war der Mann, aber er wusste, was er wollte. Damals habe man fast ausschließlich Pils ausgeschenkt, wird er sich viel später, als Zweiundneunzigjähriger, an diese Zeit erinnern. Die Gläser seien etwas größer als die heutigen Stangen gewesen und hätten gefüllt etwa zwei Groschen gekostet.

In diesem ersten Haus Unkelbach lernte Karl auch seine Frau Henriette kennen, bevor das Gebäude 1943 einer Fliegerbombe zum Opfer fiel. Dasselbe Schicksal widerfuhr dem zweiten Unkelbach, das schon an der Luxemburger Straße lag. Als es ebenfalls in Schutt und Asche zerbarst, zogen die Gastwirte ins Nachbarhaus Nr. 260.

Bis der Stammsitz sein heutiges Gesicht annahm, war es jedoch ein weiter Weg. Unter Karls Führung schwang sich das Unkelbach zu einem gehobenen Gasthaus auf. 1963 jedoch musste der Patriarch sein Lokal schweren Herzens verpachten, weil sich keines seiner Kinder bereitfand, die Nachfolge zu übernehmen. Siebenunddreißig Jahre blieb das Unkelbach daraufhin in familienfremder Hand, bewahrte sich allerdings seinen guten Ruf. Ab 1990 verwandelte es sich in das typische kölsche Brauhaus, wie man es heute kennt. Und im Jahr 2000 schließlich erfüllte sich Karl Unkelbachs Wunsch, als hier mit Alexander Manek einer seiner Enkel die Geschäfte übernahm. Wie eh und je fungiert das Unkelbach auch unter Maneks Ägide als führende Feierabendlokalität der Sülzer und Klettenberger. Und mit der orgiastischen »Haus Unkelbach-Pfanne« steht hier auch eine eigene, standesgemäße Küchenkreation auf der Karte.

Adresse Luxemburger Straße 260, Sülz | **Tel.** 0221/41 41 84 | www.hausunkelbach.de | **Öffnungszeiten** Mo–Fr ab 17, Sa u. So ab 11 Uhr | **ÖPNV** Bahn 18, Haltestelle Sülzburgstraße | **Sonstiges** Brauhausküche, Biergarten

52 Herler Eck

Eine Heizung bekam nur die Gaststätte

Ein schönes Haus ist das, hier auf der Ecke Herler und Johanniter-straße. Es steht unter Denkmalschutz, und Ähnliches könnte auch dereinst der Kneipe im Parterre widerfahren. Wie das Gebäude, so stammt auch sie vermutlich von um 1900 – wie bei vielen kleinen Eckkneipen weiß man das nicht so genau. Zwischen 1938 und 1958 immerhin existierte hier eine gewisse historische Konstanz. Während dieser zwei Jahrzehnte nämlich wurde das Lokal als Familienbetrieb geführt und trug den Namen »Gaststätte Rudolf Niessen«.

Ein Jahr vor Kriegsbeginn war Niessen mit seiner Frau Maria als Pächter hier eingezogen. Über dem Eingang hing damals ein Schild, das mit »Echt Kölsch« auf die Brauerei Früh verwies, während hier heutzutage Gaffel ausgeschenkt wird.

Das Jahr 1945 sieht das Haus schwer beschädigt: Der Tanzsaal ist zerbombt, ebenso ein Großteil des Hausinneren. Die hübsche Fassade mit dem markanten Eckaufbau hingegen blieb erhalten (siehe www.rolf-niessen.de). 1954 wurden aus den Pächtern die neuen Hauseigentümer. Nießens renovierten das Dach, und das Treppenhaus wurde nun elektrisch statt mit Leuchtgas erhellt. Damals erstand auch die heutige Theke, die seitdem zur Tür hin ums Eck führt. Mit einem Durchbruch wurde die ehemalige Küche zu einem kleinen Sälchen. Außerdem bekam das Parterre als einzige Etage eine Heizung verpasst, während man über dem Gastraum weiter mit Kohle wärmte. Wieder verschwunden ist hingegen der beige Ölanstrich, der einer zeitgemäßeren Fassadenfarbe wich. 1958 verkauften die Nießens ihre Immobilie, für 120.000 Deutsche Mark, und wechselten in die »Schlagbaumschänke« in Holweide.

Viel getan hat sich seither nicht im Herler Eck, wie es dann irgendwann getauft wurde. Parallel zur stets belebten Theke drei kleine Tische, die gerade genug Platz für ein Würfelbrett lassen. Und genau so werden die auch meistens genutzt.

Adresse Herler Straße 53, Buchheim | **Tel.** 0221/69 71 63 | **Öffnungszeiten** täglich ab 10 Uhr | **ÖPNV** Bahn 3, 18, Haltestelle Herler Straße

53 Hinger d'r Heck

»Dorffer, Hoff und Landereien«

Heckenwirte nannte man ab dem 15. Jahrhundert jene Brauer, die ihr Handwerk nicht in einem zünftigen Betrieb gelernt hatten. Wenn sie dennoch Bier herstellten, taten sie dies sinnbildlich »hinter der Hecke«. Eine weitere Bedeutung sieht den »Heckenzäpper« als illegalen, privaten Nebenerwerbswirt. Das Brauen für den Eigenbedarf war steuerfrei, und so mancher Kölner verdiente sich ein Zugeld, indem er hin und wieder ein paar überschüssige Einheiten vertickte. Den offiziellen Brauern, die den sogenannten Bierpfennig zu entrichten hatten, war dies natürlich ein Dorn im Auge. Aber wirklich beendet wurde das Treiben erst durch die 1890 von den Preußen verordnete Konzessionspflicht für Kneipen.

»Hinger d'r Heck« wird im Volksmund auch die Rodenkirchener Wilhelmstraße genannt. Schon eine Karte der »Dorffer, Hoff und Landereien« aus der Mitte des 17. Jahrhunderts vermerkt hier einen »Markstein in dieser Heckgen«. Und von jener Historie zeugt mit ihrem Namen »Hinger d'r Heck« – oder HDH, wie die Stammgäste sagen – bis heute eine versteckte Kneipe. Rundherum belegen winzige, anderthalbstöckige Häuschen die dörfliche Vergangenheit des Vororts. Errichtet um das Jahr 1900, beherbergte das Haus an der Ecke zur Adamstraße von Beginn an eine Gastwirtschaft. »Zum Goldenen Stern« hieß sie für viele Jahrzehnte und auch noch während des Zweiten Weltkriegs, den das Haus heil überstand. Möglicherweise fiel die Umbenennung in die Zeit der Familie Reinartz, die hier ab Anfang der 1950er Jahre die Zapfhähne dirigierte. Jedenfalls war der Name längst etabliert, als das Haus 1975 in den Besitz der Familie Klinkner überging. Die heutige Wirtin, Annegret de Wal, geborene Klinkner, kellnerte übrigens früher im »Paraplü«, vormals »Beim Herrmann«, einer Kneipe am Rodenkirchener Gymnasium. Die »Heckenzäpperei« war also von langer Hand vorbereitet.

Adresse Wilhelmstraße 58, Rodenkirchen | Tel. 0221/39 43 58 | **Öffnungszeiten** täglich ab 17 Uhr | **ÖPNV** Bahn 16, Haltestelle Rodenkirchen/Bahnhof | **Sonstiges** Gutbürgerliche Küche, Außengastronomie

54 Im Rondellchen

Geselligkeit auf 45,68 Quadratmetern

Das Rondellchen trägt seinen Namen nicht umsonst, schließlich ist es kreisrund. Es entstand 1929 im Rahmen der Kölner Gartensiedlung, mit der luftiger, billiger und zugleich stadtnaher Wohnraum für die einfachen Leute geschaffen wurde. Noch rund zehn Jahre älter ist die Einfamilienhäuser-Zeile der GAG entlang der Ostseite des Akazienweges.

Vor dem Rondellchen hatte hier ein hölzerner Kiosk gestanden. »M'r jonn in et Büdche«, sagt manch angestammter Bickendorfer noch heute, wenn er die längst steinerne Gaststätte ansteuert. Fotos aus der Gründungsphase zeigen jedoch, dass das Lokal in den 1930ern zunächst als Café eingerichtet war – samt Lochstickerei-Gardinchen vor den Fenstern. Wer damals ein Bier trinken wollte, ging übers seinerzeit noch unbebaute Feld zum »Sasse« an der Venloer Straße.

Bis in die 1980er Jahre hinein rekrutierte sich die Klientel nicht zuletzt aus KVB-Gästen und -Angestellten. Denn am Rondellchen befand sich die Endhaltestelle der Linie 4, die hier in eine Schleife zum Rückweg mündete. Eben jenes Jahrzehnt bildete auch die Glanzzeit des vielleicht charismatischsten aller Rondellchen-Wirte. Schon Hans Reichels Vater Kurt, ein ehemaliger Polizist, hatte hier hinter den Zapfhähnen gestanden, bevor er sie 1973 seinem Sohn überließ. »Uns Hänsje«, wie dieser allseits genannt wurde, galt als kölsches Original und Tausendsassa in jeder Hinsicht. Mithilfe seiner Frau Marianne, einem Tanzmariechen der Blauen Funken, rotierte das Rondellchen auf Hochtouren. Als Hans Reichel 1993 schwerkrank starb, widmete ihm die Kölner Presse ausführliche Nachrufe.

Nachdem es in den 2000ern merklich ruhiger geworden war, drehte das Rondellchen ab 2009 unter neuer Führung wieder auf. Hier ist man gesellig, hier sitzen alle im Kreis. Und das auf gerade einmal 45,68 Quadratmetern.

Adresse Akazienweg 54a, Bickendorf | **Tel.** 0221/530 21 92 | **Öffnungszeiten** Mo–Fr ab 17.30, Sa nur, wenn der FC spielt | **ÖPNV** Bahn 3, 4, Haltestelle Akazienweg | **Sonstiges** Kleine Speisen, Außengastronomie

55 Im St. Wendelin

Bauernschänke und Pferdetränke

Wer Angst hat, dass ihm die – zugegebenermaßen sehr niedrige – Decke auf den Kopf fällt, der sei beruhigt: Diese sichtbar durchgebogenen Dachbalken liegen hier immerhin schon seit 1742. Und wenn mal einer zu stark nachgab, wurde er mit eisernen Schienen stabilisiert. Weitaus stärker in Mitleidenschaft gezogen wurde das äußere Fachwerk, das bis 1987 unter einer entstellenden Klinkerfassade vor sich hingammelte. Seitdem jedoch präsentiert sich das denkmalgeschützte Gebäude wunderbar restauriert.

Einst gehörte dieses dörflich anmutende Häuschen zu einer ausgedehnten Hofanlage. Nachgewiesen ist auch die frühe Nutzung als Bauernschänke und Pferdetränke. Immer wieder stand es zudem in enger Verbindung zu den Militärs. Von hier aus wurden die preußischen Forts entlang der heutigen Militärringstraße mit Bier versorgt, und hier kehrten nach dem Zweiten Weltkrieg die Besatzungssoldaten ein. Zeitweise soll St. Wendelin so voll gewesen sein, dass es eines Türstehers bedurfte, um den Laden nicht zum Bersten zu bringen.

Dass die Soldaten ihre Waffen und Fahnen draußen abgeben mussten, verdankt sich angeblich dem resoluten Auftreten der Wirtsleute Nelles. Auf Mathias Nelles, der das Haus 1905 erworben hatte, folgte sein Sohn Nikla. Bis in die 1950er Jahre hinein führte im Schankraum noch ein trichterförmig auslaufendes Rohr durchs Dach, unter dem früher die Petroleumlampe gequalmt hatte. Damals wurden die alten Eichendielen noch tagtäglich mit Sand bestreut, der den Boden scheuerte und mit dem angefallenen Schmutz wieder aufgekehrt werden konnte. Heute liegt hier stattdessen ein Linoleumboden – der einzige ahistorische Makel dieses hübschen Lokals.

Und wer sich über den lustigen Namen wundert: Dieser Wendelin ist nicht der elefantöse Kumpel von Wum, sondern ein katholischer Heiliger sowie Müngersdorfs historischer Pfarrpatron.

Adresse Wendelinstraße 81, Müngersdorf | **Tel.** 0221/497 15 27 | www.restaurant-im-st-wendelin.de | **Öffnungszeiten** täglich ab 17, So auch 12–15 Uhr | **ÖPNV** Bahn 1, Haltestelle Alter Militärring; Bus 141, 143, 144, Haltestelle Wendelinstraße | **Sonstiges** Gutbürgerliche Küche, Biergarten

56 Jakob Fertig
Von Bayern über den Eisenmarkt ins Vringsveedel

Der aus Bayern stammende Jakob Fertig übernahm im Jahr 1909 die Brauerei »Zum Rothenberg« in der Kölner Altstadt, deren Eingang zum Eisenmarkt hin lag. Obwohl der Standort zwischen Heumarkt und Rhein günstig schien, scheiterte auch dieser Brauer wie sämtliche seiner Vorgänger seit der Gründung 1838 bereits nach kurzer Zeit. Immerhin jedoch gelang es Jakob Fertig, mit dem Verkaufserlös von 1911 ein Haus an der Bonner Straße zu erwerben. Die Gaststätte im Erdgeschoss bekam seinen Namen – einen für einen Gastronomiebetrieb recht originellen Namen, wie man hinzufügen möchte. Der Schriftzug schmückt das Lokal bis heute. Fertig braute hier zwar nicht mehr selbst, hatte aber Erfolg als Gastwirt. Weil das Gebäude den Zweiten Weltkrieg beinahe unversehrt überlebte, ging der Staffelstab nahtlos über an Jakobs Sohn Hermann, der bis zu seinem Tod 1968 hinter dem Tresen stand. Nachdem auch er wieder von seinem Sohn abgelöst wurde, geriet das Schiff erst 1992 ins Schlingern, als die Fertigs ihr Lokal zu verpachten begannen. Zehn Jahre lang ging es mehr oder weniger stark bergab, bevor Jakobs Urenkel Ingo Fertig auf den Plan trat. Der autodidaktische Koch belebte die Familientradition neu und betreibt hier seit 2002 eine kölsche Wirtschaft mit französischer Küche.

Die letzte große Renovierung des Fertig ging 1968 vonstatten. Böden, Wände, Lampen und die Schankanlage – alles wurde erneuert. Ingo Fertig hat diesen Wandel zum »Gelsenkirchener Barock«, wie er es nennt, noch selbst miterlebt und bedauert den Verlust der alten Einrichtung bis heute. Andererseits: Seither sind immerhin auch wieder einige Jahrzehnte ins Land gegangen, und auf solch solidem Sixties-Resopal speist man nicht an vielen Orten. Darüber hinaus konnte doch manches aus Urgroßvaters Zeiten gerettet werden: Vom Eingang aus rechts, direkt am Woensam-Prospekt, thront Jakob Fertigs hölzerner Safe und obenauf seine antike Registrierkasse.

Adresse Bonner Straße 26, Südstadt | **Tel.** 0221/801 73 40 | **Öffnungszeiten** täglich ab 17 Uhr | **ÖPNV** Bahn 15, 16, Haltestelle Chlodwigplatz | **Sonstiges** Französische Küche, Außengastronomie

57__Kääzmann's

War's die Lehre, Leier oder doch die Lerche?

Eine Wirtschaft existiert hier seit mindestens 1868. Damals beantragte Gastwirt Johann Zimmer die Konzessionierung einer Kegelbahn. Achtzehn Jahre später übernahm seine Tochter Katharina den Betrieb, zusammen mit ihrem Ehemann Johann Zimmermann. »Schenkwirtschaft Am Kreuzweg« hieß das im Schnittpunkt von Rochus- und Subbelrather Straße gelegene Lokal seinerzeit. 1890 bekam es einen zweiten Stock mit einem großen Tanzsaal aufgesetzt, der später noch allerhand Wandlungen durchmachte. Gegen Ende des Zweiten Weltkriegs etwa diente er als Auffanglager für Flüchtlinge.

Die nächste Generation, Heinrich (Hein) und Gerhard (Jirrat) Zimmermann, arbeitete schon kurz nach dem Ersten Weltkrieg mitsamt ihren Frauen, den Schwestern Katharina (Kätt) und Mathilde (Tilla) Still, im Familienverbund. Ab Anfang der 1930er Jahre führte Heinrich den Betrieb allein und verpasste der Restauration den wunderlichen Namen »En d'r Lier«, also: In der Lehre, Leier oder Lerche. Was es damit auf sich hat, weiß heute niemand mehr. Der Name blieb jedoch auch erhalten, als 1957 Agnes Schmitz die Geschäfte übernommen hatte. Nachdem sie die Gaststätte 1960 verpachtete, erlebte diese noch zwei gute Jahrzehnte, bevor ein steter Niedergang einsetzte. 1988 griff Agnes' Enkel Michael ein und verwandelte die Eck- in eine Szenekneipe: Geboren war das »Wutzstock« – »Rockmusik und Bier«.

Seit 2007 ist auch das »Wutzstock« Geschichte, mit dem Kääzmann's entstand an gleichem Ort ein handverlesen eingerichtetes Kneipenrestaurant. Am schönsten ist die Geschichte mit den im Essbereich verlegten, aus einer niedersächsischen Burganlage stammenden Anröchter Bodenplatten: Die wiegen nämlich bis zu 600 Kilo das Stück. Hauswirt Schmitz hatte sie mit der Dickenangabe »27–43« ersteigert und nicht geahnt, dass es sich dabei nicht um Milli-, sondern um Zentimeter handelte.

Adresse Subbelrather Straße 543, Ehrenfeld | **Tel.** 0221/16 89 74 30 | www.kaeaezmanns.de | **Öffnungszeiten** Mo–Sa ab 17.30, So ab 12 Uhr | **ÖPNV** Bahn 3, 4, Haltestelle Äußere Kanalstraße | **Sonstiges** Gutbürgerliche Küche, kölsch-traditioneller Schwerpunk

58_ Kleine Glocke

Künstler, Exzentriker, Bacchanten

Dieses Lokal im hinteren Teil der Glockenstraße wirkt wie eine Insel kölscher Kneipenkultur. Wer hier eintritt, fühlt sich – unabhängig von der Tageszeit – in einer anderen, entspannteren Welt. Darüber hinaus darf man die Glocke getrost als Kölns letzten traditionellen Künstlertreff bezeichnen. Zusammen mit dem einst gegenüberliegenden, vom Krieg zerstörten »Decke Tommes« bildete sie die Keimzelle der »Kölner Progressiven«. Dem avantgardistischen Künstlerbund gehörten unter anderem Franz Wilhelm Seiwert und Heinrich Hoerle an, assoziiert waren jedoch auch Kollegen wie Max Ernst, Anton Räderscheidt oder August Sander. Dem Fotografen Sander ist es auch zu verdanken, dass der Nachwelt zahlreiche Ereignisse aus der Glockengasse überliefert sind. Hier hingen Originalbilder, mit denen die Künstler ersatzweise ihre Zeche beglichen, und hier starteten im Karneval die ersten legendär-anarchischen Lumpenbälle. Die Nazizeit machte beiden Bewegungen ein Ende.

All dies geschah zunächst unter dem wachen Auge von Jacob »Papa« Diese. Aber auch unter Sohn Tonys Ägide blieb die Glocke ab 1952 ein ausgesprochen lebhaftes Lokal. Neben Künstlern und Flaneuren verkehrten hier nun auch zunehmend Kulturschaffende aus dem Presse- und Fernsehbereich.

Auf ein Relikt aus alter Zeit stieß man bei der umfassenden Renovierung 2006. Unter mehreren Farbschichten fanden sich zwei große Gemälde des Kölner Maler-Originals Tony May (1914–2004): »Liegende mit Glöckchen« (Breitformat über der Theke) und die »Adenauer-Anspielung«, auf der man den alten Kanzler mit schief liegendem Köpfchen und geschlossenen Augen sieht. Und direkt rechts der Theke begegnet man Arno Faust, einem weiteren exzentrischen Ex-Stammgast. Der immer feuchtfröhliche Karikaturist starb 1984, einige seiner Zeichnungen jedoch überleben hier in der Glocke, im »Arno Faust Eckchen«.

Adresse Glockengasse 58, Innenstadt | **Tel.** 0221/258 95 17 | www.kleineglocke.com |
Öffnungszeiten Mo–Sa ab 12 Uhr | **ÖPNV** Bahn 3, 4, 5, 16, 18, Haltestelle Neumarkt
oder Appellhofplatz | **Sonstiges** Brauhausküche, kleine Außengastronomie

59 Kornbrenner

Der Robinson-Club an der Neusser

Der Name sagt alles: Hier wurde Korn gebrannt. Und tatsächlich lagern in einem Schuppen des Innenhofs noch immer die Gerätschaften von damals – metallene Bottiche, Rohrleitungen und sonstige Relikte einer vergangenen Zeit. Eingerichtet wurde diese kleine Destillieranlage von Theodor Töller, der hier im Jahr 1910 seine »Dampf- und Kornbranntweinbrennerei« eröffnete. Wie viele andere Brennereien, so musste jedoch auch Töller seine Produktion im Laufe des Zweiten Weltkriegs einstellen. Getreide sollte in Zeiten der Lebensmittelknappheit zu Brotteig statt zu Schnapsmaische verarbeitet werden.

Bis zum Jahr 1960 führten zwei unverheiratete Töchter Theodor Töllers den Schankbetrieb. Damals handelte es sich um einen mehr oder weniger ruinösen Flachbau. Die Stockwerke oberhalb der Gaststätte, wie vieles in Köln nicht gerade ein architektonisches Nachkriegs-Schmuckstück, entstanden erst im Laufe der 1960er Jahre. Von den eingefleischten Gästen hatten die beiden Juffern hinter ihrem Rücken einen wenig schmeichelhaften Namen erhalten: die »Vier Arschbacken«. Ein im Laden aufgehängtes Foto zeigt sie hingegen noch als weiß gewandete kleine Mädchen nebst Vater vor der Gastwirtschaft.

1980 ging der Kornbrenner schließlich in die Hände der alteingesessenen Kölner Gastwirtsfamilie Robinson über. Seit Rudi Robinson 1981 starb, sind hier mit seiner Witwe Lydia und Tochter Patricia wiederum zwei Frauen am Ruder. Sie führen den »Korni« bis heute mit einer ausgesprochen sympathischen rheinischen Noblesse.

Auch im Schankraum haben sich zahlreiche Elemente der Gründungsphase erhalten, von denen der erhöhte Alkoven im hinteren Raum die historisch interessanteste Rolle spielt. Hier nämlich fand in jener fernen Zeit vor der Musikbox, dem Plattenspieler oder Mp3-Player ein kleines Orchester Platz.

Adresse Neusser Straße 171, Nippes | **Tel.** 0221/73 54 51 | www.zumkornbrenner.de | **Öffnungszeiten** So–Fr ab 17 Uhr | **ÖPNV** Bahn 12, 15, Haltestelle Lohsestraße | **Sonstiges** Brauhausküche, Außengastronomie

60_ Krein's

Hennes und Hans, Du und Ich

Wer sich auf die Suche nach der traditionellsten aller FC-Kneipen macht, der landet unweigerlich an der Vitalisstraße in Müngersdorf. Gegenüber beeindruckende Fachwerkvillen und hier: ein unscheinbarer, weiß-grau verkachelter Nachkriegsriegel, der jahrzehntelang den altmodisch anmutenden Titel »Sportklause Nelles« trug. Wenn man jedoch dort eintritt, kommt man aus dem Staunen nicht mehr heraus. Dieses überbordende FC-Museum besteht aus unzähligen Dokumenten zur Clubgeschichte. Kein Finger passt zwischen all die zum Teil handsignierten Originalfotos, die sämtliche Wände bedecken. Dass direkt über dem Ausgang ein postergroßes Porträt der Double-Sieger von 1978 prangt, ist sowieso Ehrensache. Aber ob das Müngersdorfer Stadion kurz nach der Einweihung in den 1920ern, die Mannschaft des FC-Vorgängers Sülz 07 von 1932 oder eine frühe Aufnahme des Meistertrainers Hennes Weisweiler: Hier findet man alles, und hier entdeckt man vieles neu – großartig!

Weisweilers Trauergottesdienst fand im Dom statt, und dort steht auch die Station 1 des Kölner Abschnitts der Deutschen-Fußball-Route (www.dfr-nrw.de). Plakette Nummer 2 (von insgesamt 11) hängt dann schon vor dem heutigen Krein's. Hier fädelte der Hennes so manchen Vertrag ein, hier trank er sein Bier und kloppte seinen Skat, zum Beispiel mit Kurt Brumme, dem legendären WDR-Sportchef und Moderator der samstäglichen Kultsendung zur Bundesliga »Sport und Musik«. Schon vor Weisweiler standen hier Berner Helden wie Fritz Walter und Hans »die Knoll« Schäfer an der Theke, denen später FC-Heroen wie Jupp Röhrig, Leo Wilden oder Manfred Manglitz folgten. Und unabhängig davon, dass man solche Kaliber hier natürlich nicht alle Tage trifft, ist das Krein's mit seinen holzbetonten Nischen, den Polsterbänkchen und der archaischen Theke ganz nebenbei auch noch eine sehr hübsche, atmosphärische Gaststätte.

Adresse Vitalisstraße 303, Müngersdorf | **Tel.** 0221/48 53 55 55 | **Öffnungszeiten** Mo–Fr 11–20 Uhr u. bei FC-Spielen | **ÖPNV** Bus 140, 141, 143; S-Bahn 12, 13, jeweils Haltestelle Müngersdorf/Techno-logiepark | **Sonstiges** Gutbürgerliche Küche, Außengastronomie

61 Lederer

Wrede, WDR und Wallrafplatz

»Die heutigen Prominenten«, erzählt eine der freundlichen Kellnerinnen, »die kommen immer so rein, dass man von der Nase nur die Löcher sieht.« Die Bläck Fööss hingegen oder der Hans Süper seien ganz normale Menschen geblieben. Das kleine Zitat macht deutlich, wie es im Lederer so zugeht. Die Kneipe liegt schließlich direkt gegenüber dem Funkhaus am Wallrafplatz. Ungezählte Künstler, die hier ihren Auftritt absolvierten, kehrten danach – oder auch davor – hier ein. Einige von ihnen begegnen dem Gast wie in einem aufgeschlagenen Fotoalbum, wenn er die kleine, beliebte Nische links hinter dem Tresen betritt. Da hängen dann etwa signierte Autogrammkarten des einstigen Schlager-Duos Waterloo & Robinson (»Meine kleine Welt«) neben Fotos von Dieter Hildebrandt und dem erwähnten Chef des Colonia Duetts, der im Übrigen auch auf einem riesigen Gips-Ei verewigt wurde.

Der Name Lederer stammt nicht vom ersten Wirt des Lokals, sondern von der gleichnamigen Nürnberger Brauerei, deren Bier hier früher ausgeschenkt wurde. Auch das Nürnberger Wappen über dem Kamin sowie die alten Fässer unter der Thekendecke zeugen von dieser Zusammenarbeit.

Zum Wallrafplatz hin besitzt das Lokal ein kleines Schiebefenster für das schnelle Kölsch zwischendurch. Dort stehen sommers auch ein paar Tische – in unmittelbarer Nähe zum Dom und dennoch ein bisschen ab vom Trubel. Seit August 2009 regiert hier die chinesische Familie Zhang, der allerdings von Beginn an klar war, dass man eine Institution wie den Lederer nicht verändern darf. In diesem Sinne schmücken weiterhin rot-weiß karierte Deckchen die Tische, während rechts an der Wand die Vitrine mit kölnischen Büchern zum Ausleihen hängt, allen voran der dreibändige Wrede. Und statt Frühlingsrollen serviert man hier auch immer noch Frikadellen.

Adresse Unter Fettenhennen 2, Innenstadt | **Tel.** 0221/257 75 49 | **Öffnungszeiten** täglich ab 9 Uhr | **ÖPNV** Bahn 5, 16, 18, Haltestelle Dom/Hbf | **Sonstiges** Gutbürgerliche Küche, Außengastronomie

62 Lommerzheim

Ein Denkmal für den Wirt

Fragt man nach *der* kölschen Traditionsgaststätte, landet man zwangsläufig beim Lommerzheim. Die Deutzer Kneipe mit der unglaublich abgerockten Fassade ist dermaßen bekannt, dass man vielleicht am besten von den Neuerungen erzählt. Hans Lommerzheim hatte am 31. Dezember 2004, nach fünfundvierzig Jahren, den Zapfhahn endgültig beiseitegelegt. Ein halbes Jahr später war er tot, und die legendäre Kneipe, die er zusammen mit seiner Frau Annemie bewirtet hatte, stand leer. Mal sollte sie ins Freilichtmuseum nach Kommern umgesiedelt werden, mal zumindest teilweise ins Kölner Stadtmuseum. Zum Glück zerschlugen sich beide Pläne, denn seit dem 13. März 2008 fließt hier wieder das Kölsch aus den Fässern. Während sich der historische Schankraum – Gott sei Dank – unverändert präsentiert, wurde das Lokal nach unten und zur Seite hin vergrößert. Ein zweiräumiger Gewölbekeller verspricht rustikale Atmosphäre, der neue Biergarten hingegen Getränke unter freiem rechtsrheinischem Himmel. Dort in der ehemaligen Baulücke steht auch das 2008 eingeweihte Denkmal für den Wirt: Der Lommi-Brunnen zeigt ihn beim Zapfen eines Kranzes unter gekipptem Fässchen. Möglich wurde die Bronze-Plastik dank des Engagements des Vereins »Ein Denkmal für Lommi«, einem rührigen Zusammenschluss altgedienter Stammgäste.

Begonnen hatte Hans Lommerzheim einst als Köbes der Päffgen-Brauerei. Bekannt und beliebt wurde er nicht zuletzt wegen seiner zumeist eher grummeligen, jedenfalls überaus trockenen Art. Fragte ihn ein Journalist, wie es früher hier wohl ausgesehen habe, so antwortete er mit allem gebotenen Ernst: »Hell!« Wie weit man mit solch einem rhetorischen Repertoire kommen kann, zeigt sich schräg gegenüber dem Lokal. Dort nämlich führt eine schmale Passage vom Deutzer Jugendgästehaus zum Bahnhof, die im Jahr 2010 auf den Namen Hans-Lommerzheim-Weg getauft wurde.

Adresse Siegesstraße 18, Deutz | Tel. 0221/81 43 92 | Öffnungszeiten Mi–Mo 11–14 und 17–24 Uhr | ÖPNV Bahn 1, 7, 9, Haltestelle Deutzer Freiheit | Sonstiges Kölsche Küche, Biergarten

63_Lotta

Der Kampf geht weiter

Obwohl es *die Lotta* heißt, geht der Name dieser Kneipe nicht auf den weiblichen Vornamen zurück, sondern stammt aus dem Italienischen. »Lotta continua« bedeutet so viel wie »Der Kampf geht weiter« und war der Titel einer linksradikalen Gruppe aus Turin. Im Gefolge der 68er-Bewegung hatten sich dort Studenten und Arbeiter des Autokonzerns Fiat zusammengeschlossen. Auch die Lotta in der Kölner Südstadt entsprang einem linken Bündnis. Hier legte ein Kollektiv seine Ersparnisse mit dem hehren Ziel zusammen, der eigenen Community eine weitere Zapfstelle neben dem Q-Hof zu bieten. In der angenehm schummrigen Atmosphäre im Schatten des Severinstors ist aber auch jeder andere Gast stets willkommen. Zwar läuft hier vorzugsweise Musik der härteren Gangart (Punk, Ska, auch schon mal Reggae), aber dennoch schwappt die Stimmung nie ins Aggressive. Dafür sorgt schon die mit allen Wassern gewaschene Thekencrew.

Ihre erste Heimat fand die Lotta 1995 in der Achterstraße. Damals bewährte sich die Idee, eine aufgegebene kölsche Eckkneipe zu übernehmen und behutsam zu renovieren. Auch im 2001 eröffneten Etablissement am Kartäuserwall sind die Traditionsspuren noch gut zu erkennen, man betrachte beispielsweise die bleigefassten, braun getönten Fensterscheiben. Die stammen noch aus den Tagen, als der Laden »An d'r Vringspooz« hieß. Seinerzeit regierte hier ein schwules Pärchen, und es gingen schräge Shows über die kleine Bühne.

Weil Linkssein heutzutage weiter gefasst wird als einst, steht man in der Lotta auch zum kölschen Lokalpatriotismus. Karneval wird genauso ausgiebig zelebriert wie die Live-Übertragung aller FC-Spiele. Dass dies auch für die Matches von St. Pauli gilt, versteht sich in diesem Ambiente von selbst. Wer mag, kann dazu sogar original Hamburger Astra oder einen scharfen »Mexikaner à la Reeperbahn« trinken.

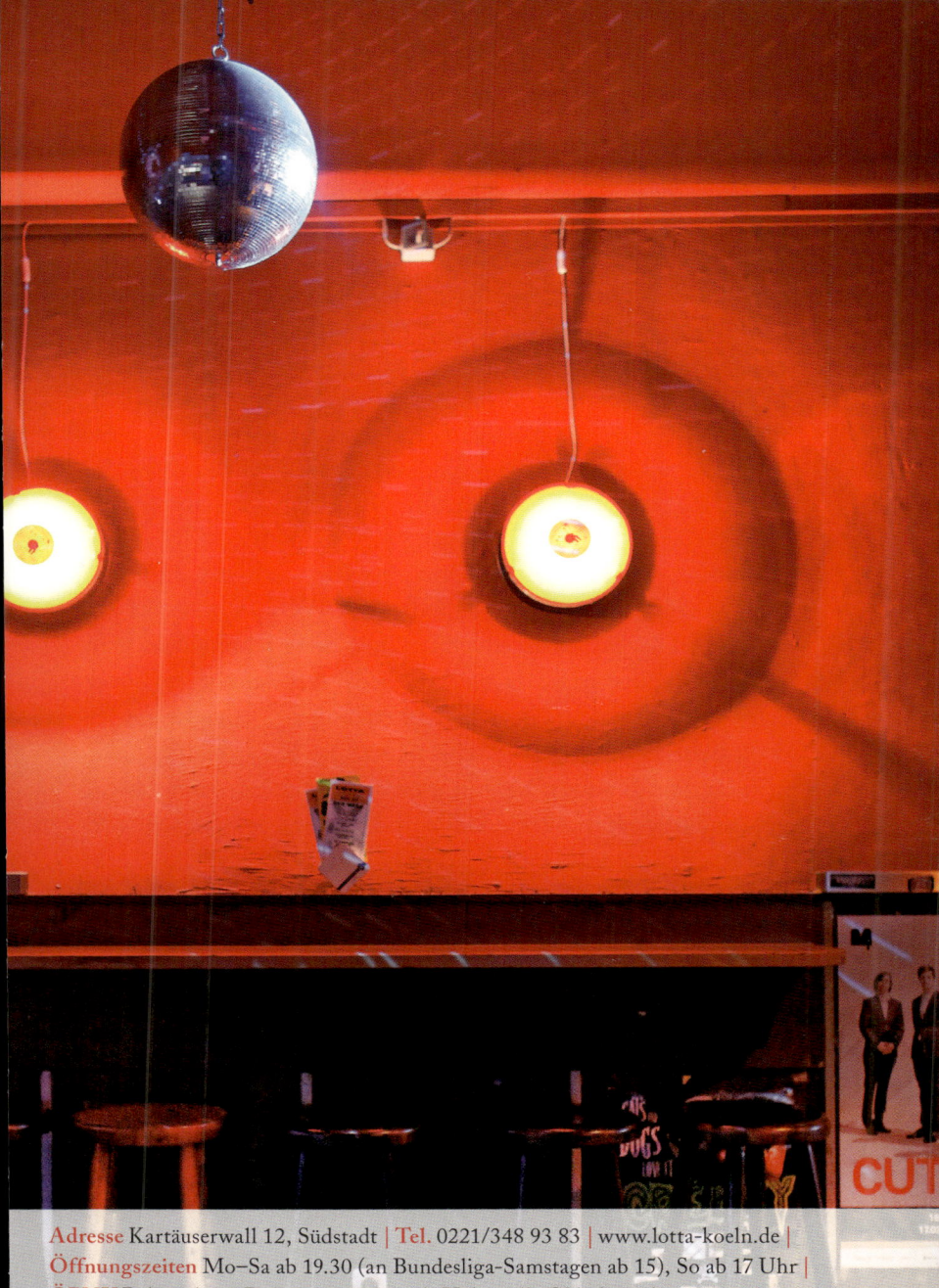

Adresse Kartäuserwall 12, Südstadt | **Tel.** 0221/348 93 83 | www.lotta-koeln.de |
Öffnungszeiten Mo–Sa ab 19.30 (an Bundesliga-Samstagen ab 15), So ab 17 Uhr |
ÖPNV Bahn 15, 16; Bus 132, 133, jeweils Haltestelle Chlodwigplatz

64_ Low Budget

Understatement im Belgischen Viertel

Im Belgischen Viertel kloppt man gerne den Putz von den Wänden und präsentiert die nackten Backsteine. Im Low Budget dagegen hängt statt einer irgendwie hippen Wandverkleidung nur ein rotes Tuch von der Decke herab. Die Schlichtheit dieser Dekoration ist zugleich ein Statement: In diesem Laden haben Schickimicki, modische Trends und Schönfärberei keine Chance.

Als Lothar Stöteknuel und Albert Altenhofen hier 1996 das Ruder übernahmen, hatten sie zunächst einen schweren Stand. Die Aachener Straße war längst noch nicht so gastronomisch erschlossen wie heute, außer dem »Six Pack« weiter vorn Richtung Rudolfplatz und dem ehemaligen »EWG« an der Ecke zur Moltkestraße gab es nicht viel. Einen ersten Durchbruch in Sachen Mundpropaganda brachte die Wanderausstellung einer Karl-Marx-Unterhose (nun ja, nicht wirklich). Irgendwann jedoch hatte sich das Low Bud etabliert als ebenso rustikale wie zeitgeistfreie Tränke. Hier läuft, da kann man sich drauf verlassen, gitarrenlastige Musik ohne Wenn und Aber, alles zwischen Surf, Garage, Punk und AC/DC.

Der weiteren Entwicklung förderlich war nicht zuletzt die Raumaufteilung des Ladens. Hintendurch lag nämlich eine alte Kegelbahn, die das Wirtsduo zu einem vielseitig bespielbaren Raum ummodelte. Hinter dem Poolbillardtisch gelangt man in einen engen, sehr intimen Schlauch, in dem unter anderem die beliebte Offene Wunde, eine Open-Mike-Veranstaltung, zelebriert wird. Vor dem Low Budget war in diesen Mauern eine Weile die »Wunderbar« beheimatet, ein berüchtigter Nachtschuppen, der ursprünglich von der Venloer Straße kam. Heutzutage trinkt man hier sein Bier unter den Killeraugen von Samuel L. Jackson und John Travolta, die ihre Pulp-Fiction-Knarren in Richtung Theke recken. Aber spätestens nach dem dritten Fass-Tequila hast du den festen Eindruck, dass Sam und Johnny dich in Wirklichkeit angrinsen.

Adresse Aachener Straße 47, Belgisches Viertel | **Tel.** 0221/25 54 84 | www.lowbud.de |
Öffnungszeiten Mo–Sa ab 20 Uhr | **ÖPNV** Bahn 1, 7, Haltestelle Moltkestraße |
Sonstiges Kleine Außengastronomie

65 Die Malzmühle

Auferstanden aus Ruinen

Von der Malzmühle existiert eine großartige Aufnahme aus dem Jahr 1948: Über einem Trümmerberg erhebt sich die nackte Portalsfassade des Brauhauses, und dahinter, mitten im Nichts, stehen zwei Männer beim Bier. Auf Schildern an einem der Pfeiler ist zu lesen: »Regional Commissioner's Residence«, »Echt Kölsch vom Fass«. Das Foto strahlt eine zarte Zuversicht aus: Hier paaren sich Überlebenswille und Bierdurst.

Mit diesem Bierstand ersteht eine kölsche Institution aus den Ruinen, deren Geschichte bis ins Jahr 1858 zurückreicht. Da nämlich gründete Hubert Koch in einem schon seit 1744 bestehenden Haus seine »Bier- und Malzextract-Dampfbrauerei«. Der Ort war gut gewählt: Am Heumarkt stand die städtische Kornwaage, am Filzengraben das Zunfthaus der Fassbinder, und gleich um die Ecke lag von 1572 bis 1853 die Ratsmalzmühle. Nach ihr benannte Koch dann auch sein Brauhaus.

Einen größeren Umbau erfuhr das Lokal zuletzt im Sommer 2010. Unter anderem wurde dabei die Schwemme verlegt, also der Bereich für die »Nur-Trinker«. Die treffen sich jetzt nicht mehr ganz hinten durch, sondern rechts vor dem Beichtstuhl. Von hier aus führt wiederum eine hölzerne Wendeltreppe ins neu eingezogene Zwischengeschoss.

Mühlenkölsch ist heutzutage eines der beliebtesten Pittermännchen-Biere, und auch der Kasten hat seine eingeschworenen Anhänger. Das liegt nicht zuletzt daran, dass die Malzmühle als Letzte ihrer Art auf die alte, bauchige Euro-Glasflasche setzt. Das grundehrliche Halblitergebinde motzt Kölsch nicht zum Edelprodukt auf, sondern kongruiert mit dem Inhalt: einem schlichten Gebräu aus Hopfen, Malz, Hefe und Wasser. Dass man es auch in höchsten Kreisen genießt, bestätigte der Besuch Bill Clintons im Brauhaus am Heumarkt. Anlässlich des G8-Gipfels 1999 trank er hier zum Rheinischen Sauerbraten gleich zwei Stangen Mühlenkölsch.

Adresse Heumarkt 6, Altstadt | **Tel.** 0221/21 01 17 | www.malzmuehle.de | **Öffnungszeiten** täglich ab 11.30 Uhr | **ÖPNV** Bahn 1, 7, 9, Haltestelle Heumarkt | **Sonstiges** Brauhausküche

66 Matheisen

Ein Denkmal für Molls Grietche

Aufgrund seiner Geschichte (man denke nur an die »Schlacht von Worringen«) und der Lage weitab vom Zentrum muss man Worringen als eigene Kleinstadt ansehen. Dafür sprechen auch die zahlreichen Veröffentlichungen zur Lokalgeschichte, die unter anderem eine beinahe lückenlose Chronik der Worringer Wirtschaften mit einschließen. Umfassend dokumentiert ist deshalb auch die Historie des vielleicht traditionellsten Lokals, dem Hotel und Restaurant Matheisen.

Rund zweihundert Jahre alt ist das Gebäude, und seit 1882 befindet sich in diesen Mauern eine Schankwirtschaft. Seinerzeit arbeitete hier unter anderem ein Worringer Original, das »Molls Grietche«, dem heute ein Erinnerungsstein neben dem Eingang gewidmet ist. 1928 dann ging das Anwesen in den Besitz von Katharina und Josef Matheisen über. Während Letzterer, ein Landwirt, aus Gohr bei Dormagen stammte, heiratete seine Tochter Lisbeth 1931 den Worringer Musiklehrer Josef Meurer. Weil dieser früh verstarb, trat schon in jungen Jahren Filius Norbert in den Betrieb ein. Zusammen mit seiner Ehefrau Christa übernahm er schließlich 1963 die Leitung des Lokals. Sting und Bätes, wie man die Wirtsleute nannte, blieben bis 1997 am Ruder.

In ihre Zeit fiel auch ein bedeutender Umbruch. Nachdem der große, bei allen Worringer Vereinen beliebte Saal 1970 geschlossen worden war, machte man sich 1981 an die Renovierung. Dabei entstand das heute bekannte Hotel mit dem großzügigen, über hundert Plätze fassenden Restaurantbereich. Seit Ende des letzten Jahrtausends wirkt hier mit Ute Jansen und Lutz Meurer die vierte Generation.

Das Denkmal für Molls Grietche, eingerichtet von den Närrischen Grielächern, erinnert übrigens an einen denkwürdigen Protokolleintrag der Karnevalsgesellschaft aus dem Jahr 1902, der da lautete: »Es wurde beschlossen, ein Fässchen Bier zu trinken.«

WENN BEI
MOLLS
GRIETCHE DE
GRIELÄCHER
SETZE
PROTOKOLL
VON 1902
WURDE
SSEN

Adresse In der Lohn 47, Worringen | **Tel.** 0221/978 00 20 | www.hotel-matheisen.de | **Öffnungszeiten** täglich 11.30–14.30 u. 18–1 Uhr | **ÖPNV** Bahn 15 bis Haltestelle Chorweiler, dann Bus 120 bis Haltestelle Sankt-Tönnis-Straße | **Sonstiges** Gutbürgerliche Küche, Biergarten

67 Max Stark

Die Blaue Grotte und ihre Madonna

Der Abriss der mittelalterlichen Stadtmauer begann 1880 und zog sich über Jahre. Immerhin handelte es sich um die mächtigste Befestigung nördlich der Alpen, ein nie erobertes Bollwerk. Als letztes Stück verschwand 1895 der Abschnitt zwischen Eigelstein- und Kunibertstor. Wo Unter Kahlenhausen an die Mauer grenzte, also dort, wo man heute das Max Stark findet, war einer der Mauer-Rundbögen zu einer »Blauen Grotte« ausgestaltet: einem himmelblauen Arrangement mit Gottesmutter und Jesuskind.

Der historische Namensgeber des Max Stark wurde im Jahr 1902 geboren. Irgendwann in den 1930ern übernahm er die Gaststätte seines ebenfalls auf den Namen Max hörenden Vaters. Dem Vernehmen nach haben sich hier nicht zuletzt die Hobby-Fußballer des Eigelstein- und Kunibertsviertels zur dritten Halbzeit getroffen.

Den Zweiten Weltkrieg überlebte nur ein Teil der Fassade des Hauses. Max Stark, selbst nicht Besitzer der Immobilie, drängte auf die Restaurierung, aber es dauerte bis zum Jahr 1953, ehe hier ein Notdach aufgezimmert wurde. Dieses hielt dann immerhin fünfundvierzig Jahre die Stellung, während der »Starkse Max« in den 1960ern abdankte. Rund drei Jahrzehnte führte hier fortan die Gastronomenfamilie Muscheid Regie, ehe Hussein Celik einzog. Fortan hieß die klassische Eckkneipe »Ephesus« und probte einen kölsch-türkisch-griechischen Brückenschlag – der allerdings nie richtig fluppte.

Das Max Stark ist heute eine florierende, brauhausartige Veedelskneipe mit Zulauf auch aus anderen Stadtteilen. Die große Kehrtwende setzte 1998 ein, als Neubesitzer Wolfgang Herrig das marode Haus abreißen und im originalen Stil samt historischer Fensteranordnung wieder aufbauen ließ. Auch eine Kneipe, so viel war klar, sollte im Parterre wieder einziehen. Und bei der Namenssuche, logisch, orientierte man sich ebenfalls am Altbewährten.

Adresse Landmannstraße 3, Ehrenfeld | **Tel.** 0221/550 60 84 | www.moselstübchen.de | **Öffnungszeiten** Mo−Do ab 16, Fr ab 15, Sa u. So ab 11 Uhr | **ÖPNV** Bahn 5, 13, Haltestelle Subbelrather Straße/Gürtel | **Sonstiges** Gutbürgerliche Küche, Biergarten

70__Nippeser Maatstüffge

Eine enge Symbiose am Wilhelmplatz

Wer diese kleine Kneipe wirklich kennenlernen, wer in ihre ureigene Atmosphäre eintauchen will, der sollte sich morgens um vier einfinden. Dann nämlich laufen hier auch die ersten Markthändler auf. Vor allem im Winter ist es verdammt kalt, während man die Stände aufbaut und die Ware drapiert. Da kommt ein Kaffee oder Brötchen im Maatstüffge gerade recht. Markt und Kneipe stehen offensichtlich in engster Beziehung zueinander: Ersterer wird hier am Wilhelmplatz jeden Tag abgehalten – außer sonntags. Und das Maatstüffge mit seiner breiten Fensterfront zum Platz hin hat täglich mehr oder weniger rund um die Uhr geöffnet – außer sonntags.

Als das Haus Auguststraße 41 nach dem Krieg wieder aufgebaut war, gehörte es einer Bäckersfamilie. Oben wurde gewohnt, die Brote verkaufte sie unten im Ladenlokal. Erst 1967 zog hier auf der Ecke eine Gaststätte ein. Nach der ersten Wirtin – einem kölschen Original, wie erzählt wird – hieß diese zunächst »Finchen«. Wer hier eintritt, schreitet über Linoleumboden bis zur Resopaltheke – Materialien, die in den 1960er Jahren als letzter Schrei galten. Entscheidend mitgewirkt bei der Einrichtung hatte der neue Pächter, die Früh-Brauerei.

Heutzutage wird man in dieser kleinen, länglichen Wirtschaft von Waltraud Ernst bedient. Die »Wally«, wie ihre Gäste sie rufen, kennt die Entwicklung des Wilhelmplatzes wie wohl kaum jemand sonst. Seit 1994 betreibt sie das Maatstüffge, und davor hat sie siebzehn Jahre direkt gegenüber an der Ecke zur Turmstraße gearbeitet. Der einstige »Marktkrug« beherbergt heute ein türkisches Bistro, die klassischen Kneipen sterben aus rund um den Wilhelmplatz. Denn auch die Ära des Stüffge wird mit Waltraud Ernst enden: So sieht es jedenfalls der derzeitige Mietvertrag vor, dem gemäß hier im Parterre keine weitere Gaststätte mehr einziehen soll. Also nichts wie hin, bevor es zu spät ist!

Adresse Auguststraße 41, Nippes | **Tel.** 0221/722 01 10 | **Öffnungszeiten** Mo–Sa 21–14 Uhr | **ÖPNV** Bahn 12, 15, Haltestelle Florastraße

71__Oellig

Eine echt kölsche Zwiebel

»Oellig« ist das kölsche Wort für Zwiebel – kein schlechter Name für einen Gastronomiebetrieb also. Zumal für einen kölnischen, wo dieses billige Gemüse fester Bestandteil traditioneller Speisen wie Himmel un Ääd oder Kölscher Kaviar ist. Zu Beginn des 20. Jahrhunderts, als diese Wirtschaft gegründet wurde, bestand das heutige Agnesviertel zudem weitestgehend aus landwirtschaftlichen Flächen, auf denen neben Kappes sicher auch Zwiebeln gezogen wurden. Sehr wahrscheinlich jedoch hörte auch der erste Besitzer des Lokals auf den Namen Oellig, jedenfalls heißt es schon auf einem Foto von 1925 genau so. Damals wurde hier noch Dortmunder Stiftsbier gezapft, aber undeutlich zu lesen ist auf jener historischen Aufnahme auch bereits ein Getränk, das mit »Echt Kölsch« beworben wurde.

In den frühen 1930er Jahren soll der Wirt des Oellig zugleich Küster der gegenüberliegenden Agneskirche gewesen sein. Verwunderlich wäre dies keineswegs, war die Geschichte von Kneipen und Kirchendienern doch stets auf das Engste verwoben. Man denke nur an die zahllosen Gemälde von bechernden Mönchen, an die vielen Klosterbrauereien oder auch an den Brauch, dem sonntäglichen Gottesdienst den Frühschoppen folgen zu lassen.

Auch als im Jahr 2007 Martin und Uschi Seul die Gaststätte übernahmen, wurde der altbewährte Name Oellig beibehalten. Unter ihrer Regie entwickelte sich das von Reissdorf belieferte Lokal zu einer umtriebigen Veedels- und Veranstaltungskneipe. Hier enden verschiedene thematisch spezialisierte Stadttouren, hier stemmt man an Karneval eine eigene Brauhaussitzung oder auch Eventabende rund um den ersten selbst verfassten Krimi der Wirtin. Das brauhaustypische Essen ergänzt sich ideal mit den hauseigenen Schnäpsen: Agnestropfen, -kräuter und -geist. Und damit hier auch bestimmt nichts schiefgeht, hängt über der Toilettentür ein großes, hölzernes Kreuz.

Adresse Neusser Straße 87, Agnesviertel | **Tel.** 0221/13 47 16 | www.reissdorf-oellig.de |
Öffnungszeiten täglich ab 16.30 Uhr | **ÖPNV** Bahn 5, 12, 15, 16, 18, Haltestelle Ebert-
platz | **Sonstiges** Brauhausküche, Außengastronomie

72 Op d'r Eck

Ein Panzer im Biergarten

Der kleine Ort Langel schmiegt sich an den Rhein, die Aue dort steht unter Naturschutz. Eine Fähre führt hinüber nach Leverkusen-Hitdorf und sorgt für ein bisschen Betrieb auf den Straßen, während der Hochwasserdeich von Radfahrern und Skatern bevölkert wird. Sehr dörflich geht es in Langel zu, und dazu passend findet man hier auch eine echte Dorfschänke. Erich Malburg, der das Op d'r Eck in fünfter Generation betreibt, kann sich noch an die Zeiten des Stangeneis erinnern. Bis in die späten 1950er Jahre hinein kam regelmäßig der Eismann und brachte neues Kühlmittel. Die großen Eisbohlen mussten mit der Pickhacke zerkleinert werden, bevor man sie in die eisenbeschlagenen Truhen füllte, in denen die Bierflaschen standen.

Das dunkelbraune Backsteinhaus hinterm Deich stammt aus dem Jahr 1875. Viele Jahrzehnte lang bestand das Lokal im Erdgeschoss aus lediglich einem Raum – wohnzimmerähnlich und von einem Kohleofen beheizt. Im Zweiten Weltkrieg wäre es beinahe aus gewesen mit dem »Rheinischen Hof«, wie das Lokal damals noch hieß. Wo sich heute das große Biergartenzelt befindet, stand einst ein amerikanischer Panzer. Als er in Gefechte verwickelt wurde, fiel auch das Haus in sich zusammen. Aber Trümmersteine kann man vom Mörtel befreien und wiederverwenden. Maria Malburg, deren Mann früh gestorben war, ließ das Gebäude wieder hochziehen und eröffnete die Wirtschaft 1949 unter dem neuen Namen.

Noch heute sieht man dem lang gestreckten Saal hinter dem Schankraum an, dass sich dort früher eine Kegelbahn befand. 1986 stand der Plan im Raum, das Haus endgültig abzureißen und einen Neubau an seine Stelle zu setzen. Weil der Stadtkonservator es jedoch unter Denkmalschutz stellte, wurde es stattdessen aufwendig restauriert. Und wer hier sein Bier trinkt, zum Beispiel nach einer Fahrradtour am Rhein, der wird sagen: Gut so!

Adresse Cohnenhofstraße 106, Langel | **Tel.** 0221/708 75 63 | www.erichmalburg.de |
Öffnungszeiten Mo u. Di, Do–Sa ab 15, So ab 10 Uhr | **ÖPNV** Bahn 12 bis Halte-
stelle Merkenich, dann Bus 121 bis Haltestelle Langel/Fähre | **Sonstiges** Gutbürger-
liche Küche, Biergarten

73 Päffgen

Kölns älteste Hausbrauerei

Das ehemalige »Rubens-Haus« in der Sternengasse, wo heute ein schnödes Telekomgebäude steht, hat viele bekannte Gesichter gesehen. Den berühmten Maler natürlich, aber auch die nach Köln emigrierte und im Rubens-Haus gestorbene französische Königin Maria von Medici. 1883, lange bevor hier das Hänneschen-Theater seine erste Spielstätte fand, übernahm Hermann Päffgen das seit 1867 als Brauerei geführte Haus.

Bereits ein Jahr später jedoch zog er wieder aus. An der Friesenstraße hatte er eine geräumige Halle für sich entdeckt, die zuvor ein Fuhrunternehmen beherbergte. Die alte Wehrmauer war gerade abgerissen worden, die Stadt atmete frische Luft, und alles war im Aufbruch. Der morgendliche Brauer fungierte des Abends zugleich als Zappes und Köbes, er gehörte praktisch zur Familie des Inhabers. Und weil die neue Brauerei damals noch über keinen gesonderten Zufahrtsweg verfügte, ratterten die Hopfen- und Malz-Fuhrwerke mitten durch die Schwemme. Bis 1955 ging das so, die Wandtischchen in der Schänke waren zur Verbreiterung des Raumes hochklappbar.

Heutzutage ist Päffgen die älteste Kölner Hausbrauerei, und wie eh und je liegt hier alles unter einem Dach: Während hintendurch gebraut wird, geht im Vorderhaus Bier über die Theke. Weder beteiligt man sich am Lohnsudverfahren, noch findet man Päffgen als Flaschenbier. Die auf das Stammhaus beschränkte Produktion erlaubt nur ganz wenige Ausnahmen – so werden etwa das Lommerzheim in Deutz, das Bierhaus en d'r Salzgass und das Päff am Friesenwall ebenfalls mit Päffgen Kölsch versorgt.

Vielen Kölnern gilt der rückwärtige Biergarten des Päffgen als einer der heimeligsten in der ganzen Stadt. Und sicherlich sitzt man hier unter den wohl ältesten Schattenspendern Kölns: Die beiden mächtigen Kastanien stammen aus dem Gründungsjahr 1884 und wurden von Hermann Päffgen damals eigenhändig gepflanzt.

Adresse Friesenstraße 64, Friesenviertel | **Tel.** 0221/13 54 61 | www.paeffgen-koelsch.de | **Öffnungszeiten** täglich ab 10 Uhr | **ÖPNV** Bahn 3, 4, 5, 12, 15, Haltestelle Friesenplatz | **Sonstiges** Brauhausküche, Biergarten

74_ Papa Madeo

Als Vinyl noch die Welt regierte

Die Westhovener Oberstraße führt direkt an den Rhein, rechts und links von ihr liegen diverse kleine Häuschen aus alter Zeit. Eines davon ist auffällig rosa gestrichen und untenrum länglich-schwarz verklinkert. Irgendwann einmal gelangte man hier in eine kölsche Metzgerei, davon zeugt noch der abgewetzte Hackklotz im Innern. Was sich in den 1970ern Jahren änderte, erklärt das grobkörnige Schwarz-Weiß-Foto im Schaufenster. Dominiert wird es von Harry Schmidts Vollbart und den langen Haaren von Thomas Senske. Letzterem gehörte anno dazumal auch die auf Easy Rider gebürstete Harley im Vordergrund – tief sitzen, hoch greifen eben. Der Mann auf dem Foto im Foto wiederum führt zum Gründer des Lokals. Das ist nämlich Papa Madeo, also Vater Amadeus, dessen Sohn Roberto hier 1976 eine bürgerliche Kneipe in eine Studentenpinte verwandelte. Seit 1980, damals 18 Jahre alt, steht auch Thomas Senske hinter den Zapfhähnen, aus denen – ganz nebenbei – schon immer auch Fassguinness floss. Vier weitere Jahre später übernahmen die beiden Kumpels Thomas und Harry den Laden von Roberto und verfolgten dabei einen ehrgeizigen Plan: hier so wenig wie möglich, also am besten: gar nichts, zu verändern.

Dass ihnen dies nun schon seit rund 30 Jahren gelingt, dazu kann man die beiden nur beglückwünschen. Das Papa Madeo wirkt heutzutage wie ein gastronomisches Fossil aus einer Zeit, da Vinyl die Welt regierte, Alko-Pops noch Asbach-Cola hießen und Rauchverbote sich auf OP-Säle beschränkten. Mit viel Holz, den unter die Decke geklebten Plakaten und nicht zu vergessen der kunstledergepolsterten Theke wurde hier ein Innendekor konserviert, das in Köln seinesgleichen sucht. Sieben Tage die Woche geöffnet, regelmäßige Jam-Sessions und Blues-/Folk-/Rockkonzerte, bei denen der Laden fast auseinanderbricht: Papa Madeo, soviel ist sicher, wäre stolz auf die Jungs.

Adresse Oberstraße 21, Westhoven | **Tel.** 02203/1 49 39 | www.papamadeo.de |
Öffnungszeiten täglich ab 20 Uhr | **ÖPNV** Bahn 7 bis Haltestelle Ensen/Gilgaustraße |
Sonstiges Das kulinarische Programm ist klein, aber fein und lautet: selbstgemachte Pizza.

75_ Peters Brauhaus

Im Kranz geht wieder der Kranz um

Die Peters Brauerei unterliegt manchem Vorurteil. Sie stamme aus Leverkusen, wahlweise aus Düsseldorf, behaupten manche. Stimmt aber nicht: Monheim ist eine selbstständige Stadt, die lediglich geografisch zwischen den beiden genannten Kölner Konkurrenten liegt. Und Peters sei, wie Küppers, ein Kopfschmerzkölsch, aber auch das ist falsch: Es gibt kein schlechtes Kölsch, es gibt nur schlechte Leitungen. Richtig ist hingegen: Sämtliche Biere der Brauerei trugen in der Vergangenheit den Vorsatz »Monheimer«. Aber weil Kölsch aus Köln zu kommen hat, gibt es in der Domstadt kein Monheimer, sondern nur Peters Kölsch.

Im lang gestreckten Brügelmannhaus an der Mühlengasse ist die Brauerei erst seit 1994 beheimatet. Aber schon vor rund fünfhundert Jahren stand an diesem historisch bedeutsamen Ort, der Markt und Hafen miteinander verband, ein Brauhaus. »Zum Kranz« hieß es, so genannt in einer Biersteuer-Urkunde des Jahres 1544. Dass man hier in der Lage war, Abgaben zu zahlen, spricht für den Wohlstand der Brauerfamilie. 1898 jedoch musste die traditionelle Hausbrauerei einem Profiteur der aufkommenden Industrialisierung weichen. Die Baumwollspinnerei Brügelmann kaufte das gesamte Gelände auf, ihr Besitz reichte nun von der Mühlen- bis zur parallel verlaufenden Neugasse. 1907 wurde dann jenes repräsentative Gebäude errichtet, dessen Fassade man heute noch sieht. Sie allein hatte, stark ramponiert, den Zweiten Weltkrieg überstanden.

Aber wie die gesamte Altstadt, so wuchs auch das Brügelmannhaus neu aus den Trümmern. Mit der Baumwollverarbeitung war es allerdings vorbei: Der Komplex wurde zur Wohnanlage, in deren Parterre bis 1994 ein Gourmetrestaurant residierte: das »Chez Alex«. Mit der Monheimer Übernahme jedoch kehrt dieser Ort zu seinen Wurzeln zurück, im Kranz geht wieder der Kranz rum.

Adresse Mühlengasse 1, Altstadt | **Tel.** 0221/257 39 50 | www.peters-brauhaus.de |
Öffnungszeiten täglich ab 11 Uhr | **ÖPNV** Bahn 1, 7, 9, Haltestelle Heumarkt |
Sonstiges Brauhausküche, Außengastronomie

76__Der Pohlhof

Alte Scheune, junge Kneipe

Ein uralter Hof und eine piepjunge Kneipe – wie passt das zusammen? Die Geschichte dieser Gaststätte beginnt in Brauweiler. Dort nämlich wurde 1773 (andere Quellen sagen: erst 1920) jene alte Scheune abgerissen, in der man heute in Auweiler sein Bier trinkt. Stück für Stück hatte man die schweren Eichenpfeiler ein paar Kilometer weiter nach Nordosten befördert und dort wieder aufgebaut.

Ab 1867 ist hier dann ein kompletter Hof nachgewiesen, der zunächst den Grafen zu Paffendorf gehörte. 1910 jedoch ging er in den Besitz von Conrad und Christine Lüpschen über. Conrad, eines von sechzehn Kindern, stammte aus einer Bauernfamilie und widmete sich auch hier in Auweiler der Landwirtschaft. Sohn Josef betrieb ebenfalls Ackerbau, bis er 1964 verstarb. Seine Frau Cäcilie war es dann, die dem Anwesen den Namen Pohlhof gab – nach dem gegenüberliegenden Dorfanger, einer ehemaligen Sickergrube. »Pohl« bedeutet so viel wie »stehendes, unreines Wasser«.

Ab 1968 wurden die Ländereien des Pohlhofs verpachtet. Cäcilies Sohn Helmut übernahm im selben Jahr die Dorfschänke »Alt Auweiler« schräg rechts gegenüber. Sechs Jahre lang betrieb er dieses hübsche Lokal, das inzwischen leider leer steht. Als seine Kinder begannen, in der alten Scheune regelmäßig Partys auszurichten, setzte er dort eine selbst gezimmerte Theke hinein. Und als auch die Dorfvereine diesen großen Raum immer häufiger für Veranstaltungen nutzten, wurde eine Idee geboren: Warum nicht direkt eine Kneipe daraus machen?

Seit 1988 nun kann man im Pohlhof trinken und essen, inzwischen unter der Leitung von Markus Lüpschen. Bevor man zur rückwärtigen Scheune gelangt, durchmisst man zunächst den Bier- und dann den Wintergarten. Kopfsteinpflaster, alte Gerätschaften und ein großer Pumpenschwengel: Auch ohne Landwirtschaft ist es hier sehr dörflich geblieben.

Baststube

Adresse Pohlhofstraße 3, Auweiler | **Tel.** 0221/590 75 76 | www.pohlhof.de | **Öffnungs-zeiten** Mo–Sa ab 17, So ab 11 Uhr | **ÖPNV** Bahn 3 bis Haltestelle Bocklemünd, dann Bus 126 bis Haltestelle Auweiler | **Sonstiges** Gutbürgerliche Küche, Biergarten

77 _ Das Pöttgen

Ein Ostpreuße bei den Bonner Husaren

Johann Ehm war ein ostpreußischer Schmiedemeister, den es gegen Ende des 19. Jahrhunderts an den Rhein verschlug. In Bonn diente er den kaiserlichen Husaren als Hufschmied, bis ihn eines Tages ein Pferd übel erwischte. Ehm behielt einen steifen Finger zurück und wurde aus dem Militärdienst entlassen.

1902 erwarb er ein Grundstück in der Ehrenfelder Landmannstraße, auf dem zwei Jahre später ein Haus stand. Während Jean, wie er bald kölsch-französisch genannt werden sollte, eine private Schmiede betrieb, stand seine Frau Margarete hinterm Tresen der neu konzessionierten »Restauration Ehm« im Parterre. Nach dem Ersten Weltkrieg wurde das »Ehm« für kurze Zeit von den Engländern beschlagnahmt. Sie nutzten es als Militärkantine, als eine »Sergeant-Messe«, wie man familienintern sagte. Rechts vom Eingang hängen heute zwei historische Dokumente des Gründerpaares: Margeretes von OB Adenauer unterschriebene Ehrenurkunde für fünfundzwanzig Jahre in der Jugendwohlfahrt und ein Foto Jeans als Ehrenfelder Schützenkönig von 1921.

Jean starb 1940, danach führte seine Frau das Lokal bis in die 1950er Jahre hinein. Aus der unmittelbaren Nachkriegszeit stammt noch die sehr hübsche, sehr ornamentale Bleiglasfront zum rückwärtigen Biergarten hin. Ausgeschenkt wurde damals sogenannte »Hopfenblüte« – im besten Fall ein bierähnliches Mangelgetränk.

Die hier im Haus 1906 geborene Tochter (ebenfalls eine Margarete) hatte den Maschinenbau-Ingenieur Franz Pöttgen geheiratet, nach dem das »Ehm« dann auch benannt wurde. In der Wirtschaftswunderzeit spielten hier regelmäßig Tanzkapellen auf, die Bühne befand sich seinerzeit rechts der Theke. Sohn Franz-Josef, gelernter Koch und Hotelkaufmann, übernahm 1967 die Regie. Seit er den Stab 1996 weitergab, ist mit Wolfgang Pöttgen und seiner Frau Andrea bereits die vierte Generation an der Reihe. Eine stolze Tradition!

Adresse Landmannstraße 19, Ehrenfeld | **Tel.** 0221/55 52 46 | www.restaurant-poettgen.de |
Öffnungszeiten Di–Fr 11.30–14.30 u. 17.30–24, Sa 11–14.30 u. 18–24, So 11–14.30 u.
17.30–22.30 Uhr | **ÖPNV** Bahn 5, 13, Haltestelle Subbelrather Straße/Gürtel | **Sonstiges**
Gutbürgerliche Küche, Biergarten

78_ Die Quetsch

Köbesse mit schwarzen Füßen

Die Terrasse dieses Rodenkirchener Brauhauses offeriert ein kaum zu überbietendes Flusspanorama. Links die edel-schlichte Rodenkirchener Brücke und das Bootshaus »Alte Liebe«, gegenüber die Westhovener Aue und gen Süden hin der elegante Schwung des sich anbahnenden Weißer Rheinbogens.

Es waren Jean und Elisabeth Reuscher, die das Lokal im Jahr 1909 zunächst pachteten und bald darauf kauften. Die »Schöne Aussicht«, wie sie damals noch hieß, gehörte neben den verschwundenen »Rhein-Terrassen« und dem »Rhein-Pavillon« zu den beliebten Ausflugszielen der innerstädtischen Bevölkerung. 1938 übernahm mit Peter und Gertrud Reuscher die zweite Generation die Regie, musste allerdings zum Kriegsende hin die totale Zerstörung der »Schönen Aussicht« verkraften. Zusammen mit der Rodenkirchener Brücke blieb von ihr nichts als ein Haufen Trümmer. Über den Neuanfang 1950 schrieb der Kölner Bilderbogen in einem Text zum hundertsten Geburtstag: »Die Terrasse war jetzt offen, drei Birnen sorgten abends für Beleuchtung. Der Boden war mit schwarzer Schlacke gedeckt, etwas anderes gab es nicht, und die Bedienungen (...) hatten abends schwarze Füße.« Frühe Stammgäste waren nicht zuletzt die Mitarbeiter des Rodenkirchener Gemeindeamtes, das damals noch schräg gegenüberlag.

Als Peter Reuscher 1962 starb, führte seine Frau das Lokal zusammen mit Sohn Hans-Peter und dessen Frau Heidi weiter. Gertrud Reuscher, von allen nur die »Mutter« genannt, überlebte auch ihren Sohn, der 1987 verstarb. Als auch sie das Zeitliche segnete, entschloss sich der Rest der Familie dazu, die »Schöne Aussicht« fortan zu verpachten. Der 1997 eingeführte Name Quetsch erinnert natürlich an den kölschen Quetschebüggel (Akkordeon), setzt sich jedoch aus den einstigen Betreiber-/Koch-Namen Quebe und Schneider zusammen. Das »t« muss man sich allerdings hinzudenken.

Adresse Hauptstraße 7, Rodenkirchen **| Tel.** 0221/39 23 76, www.brauhaus-quetsch.de **|**
Öffnungszeiten täglich ab 11.30 Uhr **| ÖPNV** Bahn 16, Haltestelle Heinrich-Lübke-
Ufer **| Sonstiges** Brauhausküche, Biergarten

79_ Räderscheidt

Heizkolonnen, Bauern und die Nachbarschaft

Die Gaststätte Räderscheidt ist eingebettet in ein architektonisch interessantes Ensemble: Sämtliche Häuser auf den ersten hundert Metern der Schulze-Delitzsch-Straße sind im Stil der Neogotik gehalten. Wie das Gebäude, so stammt auch das Lokal aus dem Jahr 1904. Wilhelm Räderscheidt, Urgroßvater des heutigen Wirts, betrieb die Kneipe. Seine Frau stand zudem im Ladenlokal rechts nebenan einem kleinen Kolonialwarenhandel vor. 1927 wechselte die Gaststätte in die Hände von Sohn Ludwig, einem gelernten Polsterer und Dekorateur, sowie seiner Frau Agnes. Während des Kriegs betrieb diese das Räderscheidt zusammen mit ihrer Tochter Klara. Ludwig starb 1944, das Haus in Raderthal jedoch blieb unbeschädigt.

Klaras Bruder Fritz lernte ein Mädchen aus Niedersachsen kennen, Marianne, die er 1947 heiratete. In den 1950ern entstand im Fritz-Encke-Volkspark die Militärsiedlung für die Besatzungsarmee. Fortan gehörten die Heizkolonnen der Engländer genauso zu den Stammgästen des Räderscheidt wie seit eh und je die Bauern aus dem Vorgebirge. Die Brühler, wie die Bonner eine alte Römerstraße, führt schnurgerade aufs Kölner Zentrum und damit den alten Großmarkt am Heumarkt zu. Auf dem Rückweg holten sich die Kappesbauern im Räderscheidt ihre Stärkung in Form von Kaffee oder Bier und Schnaps.

Seit 1980 ist hier die vierte Generation am Ruder. Der 1951 geborene Fritz Räderscheidt hatte eine Ausbildung als Koch absolviert, bevor er die Gaststätte zum Antritt von Grund auf renovierte. Fritz und Roswitha, das heutige Wirtspaar, führen hier bis heute eine vorbildliche Veedelskneipe, die die Stammkundschaft mit zahlreichen Events bei der Stange hält. Eine Verwandtschaft zum berühmten Kölner Maler bestehe jedoch nicht. Nein, so hört man, der Anton Räderscheidt, der stamme aus der »Sülzer Linie«.

Adresse Schulze-Delitzsch-Straße 108 (Ecke Brühler Straße), Raderthal | **Tel.** 0221/
38 17 30 | www.gaststaette-raederscheidt.net | **Öffnungszeiten** Mo–Sa ab 17 Uhr |
ÖPNV Bahn 12, Haltestelle Zollstock/Südfriedhof, oder Bus 131, Haltestelle Heeresamt |
Sonstiges Gutbürgerliche Küche, Biergarten

80 Refugium

Guinness, Darts und Billard

Ein Refugium ist ein Zufluchtsort, ein Platz, an dem man seine Ruhe hat. Auf die gleichnamige Gaststätte in Zollstock trifft die Beschreibung in vollem Umfang zu: Wer einmal durch diese westernhafte Schwingtür getreten ist, der versteht, warum Kneipen zuweilen mit pränatalen Höhlen oder dem Bauch des Wales verglichen werden. Einfach hinsetzen und den Rest der Welt außen vor lassen.

Ein Wirtshaus befindet sich hier seit der Erbauung des Gebäudes im Jahr 1906. Seinerzeit standen hier die Eheleute Klose hinter dem Tresen. Ältere Zollstocker erinnern sich auch noch an die Nachkriegsjahrzehnte, als sich hier zwischen 1950 und 1970 ein stadtbekanntes Tanzlokal etablierte. Angeblich kam man sogar von der anderen Rheinseite und aus dem Umland, um sonntagnachmittags hinten im Saal das Tanzbein zu schwingen. In den 1990ern bestand hier für zwei Jahre das »Muckefuck II«, dem die Beschwerden über die Live-Musik den Garaus machten. 1997 dann zogen Karl Scholten und Ulrich Schönfeld an die Herthastraße. Die beiden ehemaligen Studenten (der Meteorologie und Geografie) können auf ausgiebige Kneipiererfahrung zurückgreifen: Während Schönfeld unter anderem die »Agnes-Klause« betrieb, unterhielt Scholten, ehemals Kellner in »Mannis Rästorang«, die »Distel« an der Ecke Hansaring und Von-Werth-Straße. Bedenkt man diese Traditionslinien der beiden vollbärtigen Wirte, so kann man sich bereits ein Bild vom Refugium machen. Hier gibt es Billard, Darts und Guinness vom Fass, aber keinen Karneval. Noch aus den 1950ern stammt wahrscheinlich die stirnhohe Wandvertäfelung, während sämtliche anderen Freiflächen inklusive der Decken mit den Jahren mit museal anmutenden Deko-Objekten zuwuchsen. Besonders originell: die durch den gesamten Hinterthekenbereich verlaufende Kabelblende in Form einer internationalen Bierdeckelsammlung.

wolli

mattes

Adresse Herthastraße 1, Zollstock | **Tel.** 0221/936 28 20 | www.refugium-koeln.de |
Öffnungszeiten täglich ab 15.30 Uhr | **ÖPNV** Bahn 12, Haltestelle Herthastraße |
Sonstiges Außengastronomie

81 Reissdorf em Cornely

Das rote Haus

Die härteste Zeit begann für das Haus Cornely mit der Machtübernahme der Nazis. Denn während sich bei »Böhmer« und anderswo die Geschäftsleute des Viertels trafen, war dies hier eine rote Wirtschaft. Hier tranken und diskutierten die Arbeiter des aufstrebenden Industrievororts. Und so kam es, dass Peter Cornely zwischenzeitlich enteignet und durch einen willfährigen Kalker Nazi namens Berschel, seines Zeichens ebenfalls Gastronom, ersetzt wurde.

Peter Cornely betrieb ursprünglich eine kleine Limonadenbude (einen frühen Kiosk also) an der Vorsterstraße. Das 1874 erbaute Haus an der Hauptstraße übernahm er im Jahr 1906, und danach sollte es für mehrere Generationen in Händen der Familie bleiben. Die beiden Kneipen rechts und links des Lokals überstanden den Zweiten Weltkrieg nicht, das Cornely hingegen fiel erst der Verbreiterung der Kalker Hauptstraße zum Opfer. Bis hinunter zur Post wurde Mitte der 1950er die komplette Nordseite der Straße abgerissen, während gegenüber der Kaufhof in den Himmel wuchs.

Auf Cornelys Schwiegersohn Peter Graulich folgte im Sommer 1966 Rolf Graf, und er blieb dem Cornely vierunddreißig Jahre lang treu. Auf ihn geht auch die Eröffnung des hinter dem Haus gelegenen Biergartens zurück. In der Gründerzeit lag dort eine kleine Hausbrauerei, deren Brunnen dann als Sickergrube genutzt werden konnte. Auch Graf hatte mit Problemen zu kämpfen, vor allem während des U-Bahn-Baus Ende der 1970er Jahre. Gerade einmal ein Meter Bordstein blieb den Gästen, viele Traditionsgeschäfte mussten schließen.

Rolf Graf verließ seine alte Wirkungsstätte am 1. April 2000 und gab den Stab an Fausto Tanzini weiter. Und weil die Einrichtung unverändert blieb, hängen auch noch immer diese beiden ungewöhnlichen, von Graf bei einem Schildermaler in Auftrag gegebenen Bilder hinten rechts im Saal: abgemalt von historischen Fotos aus dem Jahr 1906.

Adresse Kalker Hauptstraße 143, Kalk | **Tel.** 0221/85 02 26 | www.haus-cornely.de |
Öffnungszeiten Mo–Sa ab 10.30 Uhr, So nur bei FC-Spielen | **ÖPNV** Bahn 1, 9,
Haltestelle Kalk-Post | **Sonstiges** Brauhausküche, Außengastronomie

82 Restauration Thomas

Ein englisch-kölscher Glücksgriff

Es war einmal ein Engländer namens Lambert Thomas, den es im Jahr 1846 aus irgendeinem Grund nach Köln verschlagen hatte. Genauer weiß man hingegen, was daraus folgte: Er lernte ein kölsches Mädchen kennen, das bald darauf schwanger wurde und ein Grundstück mit in die Ehe einbrachte. Auf diesem entstand, kurz vor der Bickendorfer Rochuskirche, die Restauration Haus Thomas. Und springen wir nun rund 165 Jahre weiter, stehen wir in einer Kneipe, die einen wundersamen Charme versprüht. Die Einrichtung aus den 1950er Jahren wirkt ganz so, als sei der Opa gerade nach dem letzten Grand Hand vom Frühschoppenskat nach Hause gelatscht. – Großartig!

Zu verdanken hat Köln dieses Monument der Kneipenkultur vor allem Gustav »Jussi« Pesch, eines von acht Kindern, deren Mutter eine geborene Thomas ist. Jussi hatte eine Kaufmannslehre absolviert und stand 1974, als Achtzehnjähriger, vor dem Sprung zu den Fortuna-Köln-Profis. Als daraus nichts wurde, half er mal eben in der elterlichen Kneipe aus. Dort schien es ihm zu gefallen, denn dort blieb er. Bis heute.

Ebenfalls auf die 1970er geht der Bau der benachbarten Montessori-Schule zurück. An sich einigen hehren Bildungsidealen verpflichtet, hatten auch diese Eleven ihre gastronomischen Erfahrungen zu machen. Und deshalb verbrachte man seine Freistunden beim Jussi, wo man über die Theke ein mit Schokolade belegtes Brötchen bekam und hintenrum das Kölsch zum Runterspülen.

Man findet in Köln nicht viele Gaststätten, die in fünfter Generation von derselben Familie geführt werden. Ab 1950, also nach dem Wiederaufbau, hieß die Restauration Thomas für über fünfzig Jahre »Rochusschänke«. Zum achtzigsten Geburtstag der Mutter jedoch bestellte der Wirt eine neue Leuchtreklame und kehrte zum tradierten Namen zurück. Seine Gäste waren zunächst irritiert, und die Mutter? – Der war's egal.

Adresse Rochusstraße 106, Bickendorf | **Tel.** 0221/530 18 30 | **Öffnungszeiten** Mo–Sa ab 18 Uhr | **ÖPNV** Bahn 3, 4, Haltestelle Äußere Kanalstraße | **Sonstiges** Kleine Speisen

83 Die Schmitzebud

Radlertreff seit 1920

Eine Bürgerinitiative zur Rettung eines Büdchens? – So etwas gibt es wahrscheinlich nur in Köln. Dort nämlich gründete sich 2008 tatsächlich ein solcher Verein: »Rettet die Schmitzebud«. Der Hintergrund: Marita Wimmer, Chefin des Kiosks ab 1982, hatte Ende 2007 aus gesundheitlichen Gründen die Segel gestrichen. Als sich für das in die Tage gekommene Verkaufshäuschen kein neuer Pächter finden ließ, drohte es zu verrotten. Und in diesem Moment schlug die Stunde der engagierten Kölner Radfahrer-Gemeinde.

Schon 1898, als die Stadtbahn den Königsforst erreichte, stand hier ein Büdchen. In den 1920er Jahren, so liest man, begann dieses ein beliebter Treff für Radfahrer zu werden. Von hier startete man die Touren durch das Bergische Land, und genau so hält man es auch heute noch (siehe www.schmitzebud.com).

Seinen kölschen Namen hat der Kiosk von den Nachkriegsbetreibern, der Familie Schmitz. Griffig, wie er ist, behielten ihn sämtliche Nachfolger bei, auch nach dem Neubau des Häuschens 1986. Und weil die Initiative der Radsportfreunde breite Unterstützung in der Kommunalpolitik fand, konnte die komplett renovierte Schmitzebud im September 2009 wieder eröffnet werden.

Sofort ins Auge fällt seit 2010 die Gestaltung der dem Mauspfad zugeneigten Westseite des Büdchens. Der Bergisch Gladbacher Künstler Dirk »Rufus« Werner bemalte sie mit bunten Fahrradmotiven, kombiniert mit Bildern aus der Historie des Ortes. Der Sieger der dargestellten Zieleinfahrt erinnert an den erfolgreichen Kölner Profi Marcel Wüst, der sein Porträt auch persönlich signierte. Wo es zuvor um Kaffee und Eis ging, existiert nun ein großzügiger Imbiss, den man irgendwo zwischen Bistro und Kneipe einordnen könnte. Und auch für radelnde Pechvögel ist gesorgt, denn vor der Schmitzebud steht seit März 2010 ein azurblauer Schlauchomat.

Adresse Rather Mauspfad 2, Rath-Heumar | **Tel.** 0221/56 09 36 71 | www.schmitzebud.
info | **Öffnungszeiten** | Mi–So ab 9 Uhr | **ÖPNV** Bahn 9, Haltestelle Königsforst |
Sonstiges Kleine Speisen, Außengastronomie

84 Die Schreckenskammer

Scheuersand und Knochensammlung

Zur Herkunft des ungewöhnlichen Namens existieren mehrere Theorien. Die beiden ersten hängen damit zusammen, dass die Schreckenskammer ursprünglich in der Johannisstraße 42 lag. Hier also hätten zum Tode Verurteilte auf dem Weg zur Hinrichtungsstätte Weckschnapp ihre letzte Mahlzeit erhalten. Wie auf dem Teller nur Knochen zurückblieben, so würde es auch ganz bald jenen armen Menschen gehen. Weil aber gegenüber dem Brauhaus seinerzeit die Lehranstalt der Fränkisch-Märkischen Eisenbahn lag, könnte es auch so gewesen sein: Die Anstalt war zu klein, anstehende Prüfungen mussten im Brauhaus stattfinden, das so zu einem Ort des Schreckens für alle Probanden wurde. Definitiv falsch ist jedenfalls die eigentlich naheliegende Vermutung, der Name erinnere an die gegenüberliegende Knochenkammer von St. Ursula.

In der Schreckenskammer weht Geschichte, so viel dürfte klar sein. Erstmals erwähnt wird das Gebäude in einer Urkunde von 1442. Fünfundvierzig Jahre später führt es eine zeitgenössische Steuerliste bereits als Brauhaus. In den folgenden Jahrhunderten firmierte es zunächst unter dem Namen »Zum Mailaen« (laut Homepage des Hauses eine Falkenart), um dann ab den 1650er Jahren lange »Zum Marienbildchen« zu heißen.

Schon seit November 1933 ist die Restauration mit angeschlossener Brauerei im Besitz der Familie Wirtz. Ein Neubau von 1912 fiel 1943 den Bomben zum Opfer. Cornelius und seine Frau Maria feierten im Sommer 1960 die Wiedereröffnung, das Lokal wurde von Neuem zum Nachbarschaftszentrum. Wenn die Zapfhähne hier – stets recht zeitig – schließen, wird der alte Dielenboden gepflegt. Früher war er mit Sägemehl bedeckt, das ist jedoch aus Brandschutzgründen inzwischen verboten. Deshalb hat man sich in der Schreckenskammer auf Sand verlegt. Auch dieses Material bindet Dreck und Feuchtigkeit gleichermaßen und lässt sich zudem bequem zusammenkehren.

Adresse Ursulagartenstraße 11, Eigelsteinviertel | **Tel.** 0221/13 25 81 | www.schreckens kammer.com | **Öffnungszeiten** Mo–Sa 11–13.45 u. 16.30–22.30 Uhr | **ÖPNV** Bahn 5, 16, 18, Haltestelle Dom/Hbf; Bahn 12, 15, Haltestelle Hansaring | **Sonstiges** Brauhausküche, Außengastronomie

85___Das Schwalbennest

Nestwärme am Königsforst

Maria Soppelsa war als junges Mädchen aus einem kleinen Ort bei Kassel an den Rhein gekommen, wo sie den gebürtigen Südtiroler Tino heiratete. 1940 waren sie drauf und dran, das Schwalbennest am Königsforst zu kaufen. Die Sünner-Brauerei kam ihnen zwar zuvor, aber sie wurden immerhin die Pächter des hübschen kleinen Ausflugslokals. Tino Soppelsa starb in den letzten Kriegstagen in einem Graben bei Tuttlingen. Maria hingegen führte das Schwalbennest bis 1969 und wurde zur »Oma Vieth«, wie sie nach ihrem zweiten Ehemann hieß. Zwei Jahre später, mit gerade einmal einundsechzig Lenzen, starb auch sie. Ihr Sohn Horst Soppelsa, hier im Haus geboren, hatte Vera, eine Kneipierstochter aus Horrem, geehelicht. Die Stammkundschaft sprach von ihm nur als dem »Papst«: ein guter Zuhörer, loyal, verschwiegen und extrem korrekt.

Das Schwalbennest entwickelte sich in dieser Zeit zu einem beliebten Treff nicht nur für Spaziergänger, sondern auch für so manche Kölner Prominentenrunde. Zugute kam dem Lokal seine große Freiterrasse mit direkter Wald- und KVB-Anbindung. Kölsches Leben dokumentiert bis heute die sehr aparte Wandbemalung: In zahlreichen Bildern hat sich hier ein einstiger Stammgast verewigt. Zu sehen sind unter anderem lokale Originale wie der Maler Bock, Willy Millowitsch oder Gerhard Jussenhoven. Rechts in der Nische am Fenster findet man zudem die Wirtsleute Horst und Vera, die das Schwalbennest Anfang der 1990er an Tochter Marita, verheiratete Gummersbach, übergaben. Mit ihr endete dann auch die Familientradition. Das Schwalbennest sah inzwischen wechselnde Wirte, blieb aber unverändert. Wer hier den Putz abkratzte, stieße noch immer auf 110-jähriges Fachwerk. Und wer vor Freude in die Luft hüpfte, stieße sich noch immer den Kopf an den alten Deckenbalken, mit anderen Worten: Das Schwalbennest verströmt echte Nestwärme.

Adresse Rösrather Straße 760, Rath-Heumar | **Tel.** 0221/86 11 89 | **Öffnungszeiten** täglich ab 11 Uhr | **ÖPNV** Bahn 9, Haltestelle Königsforst | **Sonstiges** Gutbürgerliche Küche, großer Biergarten

86 Sion-Bräues

Die Erholung an der Deutzer Freiheit

Rechts und links der Deutzer Freiheit gab es einst Dutzende von Kneipen. Bis heute übrig geblieben sind davon nur wenige, darunter der Sion-Bräues auf der Ecke zur Düppelstraße. Aber auch die Geschichte dieser Gaststätte war manchem großen und kleinen Wandel unterworfen. Wie das Haus stammt die Gastronomie im Erdgeschoss aus dem Jahr 1903. Damals trug diese Kneipe den ausgesprochen charmanten und früher recht häufigen Namen »Zur Erholung«. Und sie war zweigeteilt: Rechts, im heutigen Gastraum, konnte an Tischen gespeist werden. Links vom Eingang hingegen, wo heute die Küche liegt, betrat man die den reinen Trinkern vorbehaltene Schänke. In der ersten Sitzecke hinter dem Tresen hängt noch eine historische Aufnahme aus dem Jahr 1920, die jene Zeit dokumentiert.

Das kriegszerstörte Haus gelangte 1956 in den Besitz der Aachener Familie Defourny, die das Lokal bis in die 1960er leitete. »Zum Schlüssel« soll es zu jener Zeit geheißen haben, und die Defournys führten diesen Schlüssel als reine Speisegaststätte. Dies bereitete dann wohl auch den Weg zur nächsten Mutation, als aus der ehemaligen »Erholung« ein Wienerwald wurde. Nachdem der dann das letzte Hähnchen vom Spieß genommen hatte, begann die Ära der Neffs.

Elsbeth Neff und ihr Mann Theo hatten zuvor einen Siegburger Campingplatz bewirtet. Theo war gelernter Koch und zudem ein überaus schwerer Mann. Seine Portionen, so erzählt man sich, waren stets so bemessen, dass auch er selbst davon satt geworden wäre. Schade allerdings, dass mit der Komplettrenovierung 1982 auch die eichenen Deckenbalken und der schwarze Marmor der Fensterbänke dran glauben mussten.

Fünfundzwanzig Jahre blieb »dat Elsbeth« ihrem Laden treu, bevor sie 2007 den Dienst quittierte. Und weil die Wirte seitdem wechseln, wird dieser Rekord auch nicht so schnell zu brechen sein.

Adresse Deutzer Freiheit 85–87, Deutz | **Tel.** 0221/81 69 47 | **Öffnungszeiten** täglich ab 11 Uhr | **ÖPNV** Bahn 1, 7, 9, Haltestelle Deutzer Freiheit | **Sonstiges** Brauhausküche, Außengastronomie

87 Stüsser

Farbtinktur und Zuckercouleur

In einer bis zur Decke reichenden Vitrine dokumentiert der Stüsser seine Vergangenheit als Schnapsbrennerei. Dutzende alter Fläschchen enthielten einst geheimnisvolle Ingredienzien wie etwa die »Halb-und-Halb-Likör-Essenz«, der »aetherische Öle« und »giftfreie Farben« beigemischt wurden. Gebrannt wurde jedoch ursprünglich im Keller, und ein Teil der Historie steckt eigentlich hinter dieser Vitrine. Denn dort in der Wand befand sich die kleine Durchreiche, zu der man vor dem Siegeszug der Bierflasche die Kinder schickte, um einen Siphon Frischgezapftes für daheim zu holen.

Fast hundert Jahre lang war das Lokal an der Ecke Neusser und Balthasarstraße als Familienbetrieb geführt worden. Peter Stüsser I. hatte es 1904 eröffnet, zwei Jahre nach der Fertigstellung der benachbarten Agneskirche, die dem Viertel ihren Namen gab. Den Wiederaufbau nach dem Zweiten Weltkrieg stemmten Stüssers gleichnamiger Sohn und dessen Frau Mathilde. Aus dieser wurde bald »de Mamm«, eine absolute Institution. Bis in die 1980er Jahre hinein sah man sie täglich auf ihrem Bänkchen neben dem Beichtstuhl sitzen. Und wenn irgendwo Ärger drohte, sorgte sie auch im hohen Alter noch mit ihrem Krückstock für Ruhe und Ordnung.

Nach wechselvollen Jahren geriet das Schiff ab 2007 ins Wanken. Wirtin und Hausbesitzer stritten bis aufs Blut um eine fragwürdige Bierbezugsklausel. Auf dem Höhepunkt des Zwistes wurde die Wirtin von einem eigens engagierten Sicherheitsdienst am Eintritt in ihr Lokal gehindert. Obendrein entfernte man die historische Theke des Brauhauses. Mit dem 31. Dezember 2008 kam das vorläufige Aus, die Stüsser-Gemeinde trauerte. Mehr als ein halbes Jahr zog ins Land, bevor sich ein neuer Pächter einfand. Ende gut, alles gut, jedenfalls für die Kundschaft. Das Veedel hat seine Wirtschaft zurück und der Stüsser eine neue Theke.

Adresse Neusser Straße 47, Agnesviertel | **Tel.** 0221/47 44 69 99 | www.brauhaus-stuesser.de | **Öffnungszeiten** Mo−Sa ab 8, So ab 10 Uhr | **ÖPNV** Bahn 5, 12, 15, 16, 18, Haltestelle Ebertplatz | **Sonstiges** Brauhausküche, Außengastronomie

88___ Sünner im Walfisch

Heinrich von Krae und der Kirchen-Bräues

Wer im 15. Jahrhundert in den Biersteuerbüchern der Kölner Rentkammer erwähnt wurde, war kein kleiner Mann. Fünfundzwanzig Brauereien sind hier im Jahr 1476 aufgeführt, und eine davon gehörte zum Haus »Heinrich von Krae«. Dass diese Wirtschaft so erfolgreich wirtschaftete, lag nicht zuletzt an ihrer Lage: Die Salzgasse bildete in alter Zeit die Verbindungsstraße vom Heumarkt zum Hafen. Auch der Fischmarkt lag in unmittelbarer Nähe – und das Salz zur Konservierung der Ware bekam man eben hier. So kam man also am »Brauhaus zur Krähe« stets wegen wichtiger Geschäfte vorbei, oder man kehrte ein, um genau diese bei ein paar Bierchen abzuwickeln. Weil das Lokal im Schatten der mächtigen Kirche Groß St. Martin lag, trug es im Volksmund übrigens noch einen zweiten Namen: der »Kirchen-Bräues«.

1898 war zunächst einmal Schicht, das Traditionshaus schloss seine Pforten. Dass hier 1935 etwas Neues entstand, hängt mit der Stadtplanung der Nationalsozialisten zusammen. Denen erschien nämlich die Kölner Altstadt zu eng, und das gemischte Völkchen, das hier wohnte, gefiel ihnen ebenfalls nicht. Wie in einem Freilichtmuseum wurde deshalb das alte Haus Zum Walfisch in der Tipsgasse 2–4 Stein für Stein abgetragen und katalogisiert, um an der Ecke Salzgasse/Auf dem Rothenberg neu zu erstehen. Nach dem Zweiten Weltkrieg firmierte es zunächst unter dem Namen »Weinhaus im Walfisch«, bevor dann hier die Sünner-Brauerei einzog. Das schlanke Gebäude mit dem gestuften Giebel wurde aufgepäppelt und dient seit 1996 wieder als klassisches kölsches Brauhaus. Wer vor dem Eingang steht, hat vielleicht Spaß daran, die zwei kleinen Fehler zu suchen: Zum einen ist ein Wal kein Fisch, aber das wusste man im 17. Jahrhundert noch nicht. Und zum anderen wurde dieses Haus nicht 1626 errichtet, sondern erst drei Jahre später – die letzte Zahl steht auf dem Kopf.

Adresse Salzgasse 13, Altstadt | **Tel.** 0221/257 78 79 | www.walfisch.net | **Öffnungs-zeiten** Mo–Do ab 17, Fr ab 15, Sa u. So ab 11 Uhr | **ÖPNV** Bahn 1, 7, 9, Haltestelle Heumarkt | **Sonstiges** Brauhausküche, kleine Außengastronomie

89_ Der Sünner-Keller

Trinken unter Tage

Das Sünner-Gelände in Kalk wird auch Zechenbrauerei genannt, und dies mit gutem Grund. Ursprünglich nämlich hatte dort Kohle abgebaut werden sollen, aber dazu kam es nie. Als sich der Deutzer Bierbrauer Christian Sünner hier einkaufte, wusste er die tiefen Gewölbe zu nutzen. Weil die Temperaturen dort auch im Hochsommer konstant niedrig waren, konnte man unterirdisch das Eis einlagern, das man winters im Bergischen Land aus den Seen und Flüssen geschlagen und nach Kalk transportiert hatte. Auf diese Art hielten sich die Bierfässer bis in den Spätsommer kühl genug, um bekömmlich zu sein. Bald nach Christians Tod jedoch begann auch im Rechtsrheinischen eine neue Ära der Bierlagerung. Der Ingenieur Carl von Linde hatte – kurz gesagt – den Kühlschrank erfunden, und 1888 stiegen auch die Sünners auf diese neuartige und weitaus bequemere Technik um.

Die alte Unter-Tage-Welt geriet daraufhin in Vergessenheit. Über hundert Jahre lang dümpelte sie in zehn Metern Tiefe vor sich hin, bevor man wieder auf sie aufmerksam wurde. Oberirdisch war der Biergarten wiedereröffnet worden, und es dauerte nicht lang, da dachte man bei Sünner auch an eine überdachte Gastronomie auf dem Brauereigelände. Und das Naheliegende wurde Wirklichkeit: Man entstaubte die bis zu sieben Meter hohen Backsteingewölbe und schuf damit ein originelles, von historischer Patina veredeltes Kellerlokal. Am 23. April 2009, dem Tag des deutsches Bieres, feierte man hier die Auferstehung.

Dank vorsichtiger Sanierung blieben unter anderem die schweren Holztüren samt Beschlägen erhalten. Getafelt wird an langen Brauhaustischen oder umgenutzten Holzfässern, Bilder aus der Kalker und Firmengeschichte ergänzen das archaische Ambiente. Und dass das Kölsch hier auch wirklich frisch ist, braucht man niemandem ernsthaft zu erklären. Schließlich kommt es direkt von oben.

Adresse Kalker Hauptstraße 260, Kalk | **Tel.** 0221/98 55 74 00 | www.suenner-keller.de |
Öffnungszeiten Mo–Fr ab 16, Sa ab 12, So ab 11 Uhr, im Sommer ist zusätzlich der
Biergarten geöffnet | **ÖPNV** Bahn 1, 9, Haltestelle Kalk/Kapelle | **Sonstiges** Brauhaus-
küche, Biergarten

90_ Sürther Bootshaus
Flüssiges aufm Fluss

Das Sürther Bootshaus verdankt seine heutige Position einem Stellungswechsel. Ursprünglich lag hier jenes Boot, das später zur Alten Liebe in Rodenkirchen wurde. Stattdessen schleppte man dann in den 1940er Jahren ein Rodenkirchener Fährhaus zu diesem Sürther Anleger. Noch in den 50ern diente das Boot den Reedereien als Poststation: Von hier aus wurden die Schiffe per Megafon angerufen und mit Kleinbooten besucht, um die neuesten Frachtpläne an den Kapitän zu bringen. Bis in die 70er hinein existierte hier zudem eine Tankstelle für Sportboote, Anlass genug, um auch erste gastronomische Schritte zu wagen.

Damals soll viel gefeiert worden sein in Sürth auf dem Rhein. Das Terrain war überschaubar, hinter dem Schankraum ging es direkt in die Wohnung des Wirtes. Man erzählt sich von wilden Partys und sprechenden Papageien. Lautstärke war nie ein Problem, denn die meisten Uferhäuser existierten noch nicht. Und das hohe Gebäude mit den Flussbalkonen hieß noch Linde-Haus und stand als Fabrikbau abends leer.

Das Flair dieser Zeit hat sich erhalten im Sürther Bootshaus. Hier tafelt oder süppelt man nicht, sondern isst und trinkt. An den kleinen, immer schaukelnden Tischen im Innern geben sich Neptun und Melusine die Hand, und der Blick von der Freiterrasse auf Vater Rhein und das östliche Ufer ist unbezahlbar. Von Beginn an lag auch der kleine Hafen vor der Tür des Bootshauses. Dass hier zuweilen Wasserleichen hereintrieben und diese per Haken an Land gezogen wurden, um ein paar Mark dafür zu bekommen (von wem?), tja, das ist bislang unbelegtes Seemannsgarn. Aber die in den Wellen dümpelnden, zum Teil an Oldtimer erinnernden Yachten komplettieren das Ensemble auf das Romantischste. Naheliegend, dass das Bootshaus dem Sürther Angelverein als Stammlokal dient, in dem er seine Turnierpokale deponiert. Und unter der Vitrine der Hecht, der ist echt!

Adresse Sürther Leinpfad 1, Sürth | **Tel.** 02236/6 97 03 | www.suertherbootshaus.de | **Öffnungszeiten** täglich April–Okt. ab 11, Nov.–März ab 12 Uhr | **ÖPNV** Bahn 16 bis Bhf. Sürth, dann zu Fuß oder Bus 130, 131 bis Ernst-Volland-Straße | **Sonstiges** Von der Zündorfer Groov aus kann man auch per Fähre nach Weiß übersetzen (www.faehre-koelnkrokodil.de).

91 Thiebolds-Eck

»M'r stonn zo dir, FC Kölle!«

Kaum eine Wirtschaft kommt heutzutage ohne Fernseher aus. Die meisten verfügen sogar über Leinwand und Beamer, um jedes noch so unwichtige Fußballspiel in voller Länge zu übertragen. Fußball ist zum Event geworden, und die Gastronomie umwirbt die Fans, als gäbe es niemanden sonst auf der Welt. Um eine echte, traditionelle Fußballkneipe handelt es sich hingegen beim Thiebolds-Eck.

Die Thieboldsgasse lag im Mittelalter rund drei Meter tiefer als der parallel verlaufende Mauritiussteinweg. Die Deepejass, wie sie deshalb auch hieß, war ausgewaschen wie ein Hohlweg, und ausgesprochen niedrigen Standes waren auch ihre Anwohner. Erst im frühen 19. Jahrhundert, unter französischer Besatzung, erhielt sie ihren an Theobald erinnernden heutigen Namen.

Die kleine, sehr kölsche Kneipe auf der Ecke zur Lungengasse wird seit Jahrzehnten vor allem an Samstagen geradezu überschwemmt von Kuttenträgern aller Art. Hunderte von Schals, Wimpeln und sonstigen Reliquien der Fans belegen, dass hier weiß Gott nicht nur Geißbockanhänger verkehren. Das Thiebolds-Eck genießt in Fußballkreisen einen durchaus überregionalen Ruf. Hier trifft man sich zwei Stunden vor dem Match zum Vorbrennen, um dann bequem in einer der nahen Neumarktbahnen zum Stadion zu fahren.

Eine Kneipierslegende war der bei den Stammgästen noch immer im Gedächtnis verhaftete Josef »Jupp« Metternich. Er führte das Thiebolds-Eck von 1980 bis ins Jahr 1999. Sein Problem – beziehungsweise das Problem der Gäste – war, dass er in Sötenich wohnte, das liegt bei Mechernich in der Eifel. Und weil er nicht gern im Dunkeln oder bei Glatteis zu Hause ankam, waren die Schotten hier meist schon um acht Uhr dicht. Nachdem Metternich schwer erkrankte, zog er sich ganz in die Eifel zurück. Das Thiebolds-Eck jedoch brummt weiterhin. Noch immer eher am frühen Abend. Und samstagnachmittags.

Adresse Lungengasse 31, Innenstadt | **Tel.** 0221/21 44 34 | **Öffnungszeiten** täglich ab 10.30 Uhr, das Lokal macht recht zeitig dicht | **ÖPNV** Bahn 1, 3, 4, 7, 9, 16, 18, Haltestelle Neumarkt | **Sonstiges** Gutbürgerliche Küche, Außengastronomie

92 Trierer Eck

Die »Queen Mum« vom Pantaleonsviertel

Bei ihren Gästen trägt Anita Stitz den Kosenamen »Queen Mum«, und wer sie einmal kennengelernt hat, weiß, warum. Die gebürtige Ehrenfelderin mit Schweizer Mutter lebt seit rund vier Jahrzehnten im Pantaleonsviertel. Von ihrem Küchenfenster blickt sie genau auf die Tür des Trierer Ecks. Und dort am Tresen hatte sie auch einst mit ihrem Mann Gerd gestanden und den Plan ausgebrütet, eine Kneipe zu übernehmen.

So kam es, dass die beiden zunächst für siebzehn Jahre im »Ossi am Ring« landeten, das heute »Barock« heißt. Die weitläufige Gaststätte samt Kegelbahn wurde Anita nach dem Tod ihres Mannes jedoch zu groß. Weil der Wirt sein bester Kunde war, wurde Ende des letzten Jahrtausends das unferne Trierer Eck frei, und »Queen Mum« nutzte ihre Chance. Nachdem die unkölsche Darts-Nische des Vorgängers entfernt war, öffnete das Lokal am 1. Januar 2000 unter neuer, kompetenter Führung.

Seinen tragischsten Moment musste das Trierer Eck im Jahr 1975 erleben. Nachdem seine Frau ihn verlassen hatte, erhängte sich der damalige Wirt im Keller des Lokals. Man fand die Leiche, nachdem irritierte Stammgäste vor der geschlossenen Tür gestanden und schließlich Alarm geschlagen hatten.

Heutzutage jedoch besticht diese klassische Eckkneipe sowohl zum Frühschoppen als auch zum Feierabendbierchen durch ihre ungezwungene Atmosphäre. Hier verkehren Menschen zwischen zwanzig und achtzig, nicht zuletzt, um zu würfeln (Schocken). Seit 1964 geht das nun schon so, dem Jahr der Hauseinweihung. Und unverändert ist seitdem auch die gesamte Einrichtung, seien es die schmiedeeisernen Gitter, der hölzerne Thekenschrank oder die Delfter Kacheln in der hübschen Nische rechts hinterm Tresen. Recht ungewöhnlich kommt unter Anitas Regie hingegen die Dekoration der Frauentoiletten daher. Inwiefern? – Das möge frau selbst herausfinden.

Adresse Trierer Straße 21a, Pantaleonsviertel | **Tel.** 0221/240 57 48 | **Öffnungs-**
zeiten täglich ab 10.30 Uhr | **ÖPNV** Bahn 12, 15, 16, 18, Haltestelle Barbarossa-
platz | **Sonstiges** Kleine Speisen, Außengastronomie

93 Tripse Bock

Oder: Der Kampf mit der Ziege

Im Jahr 1868 eröffnete Georg Trips das Mülheimer Lokal »Zum Kreuzchen«. Zugleich war er Mitglied der Freiwilligen Feuerwehr, und während eines Festes kam es zu einem Kampf: Georg sollte zur Gaudi des Publikums gegen einen kleinen Ziegenbock antreten. Er rang das Tierchen tapfer nieder, aber der Jux hatte Folgen. Fortan riefen ihn die Gäste im »Kreuzchen« den »Tripse Bock«.

Der Wirt wurde darüber stets so wütend, dass er zahllose Lokalverbote aussprach. Aber wie das mit Spitznamen so ist: Einmal in der Welt, sind sie schwer wieder zu vertreiben. 1902 heiratete die Familie sich auf der linken Rheinseite ein und kam ab 1902 in den Besitz jenes Traditionslokals, das später »Bei d'r Tant« hieß (siehe Seite 28). Sechs Jahre darauf erwarb Georgs Sohn das Haus an der Ecke Bonner Wall und Bonner Straße und taufte die Kneipe im Parterre auf den Namen, den sein Vater so gehasst hatte: Tripse Bock.

Nach der Zerstörung des Gebäudes im Zweiten Weltkrieg begann für die Trips-Familie eine lange Wanderschaft, die sie bis ins Bergische Land führte. Bis 1952 leitete man den »Rösrather Bahnhof«, danach für vier weitere Jahre eine Wirtschaft in der alten Heimat Mülheim. Als jedoch 1957 das Haus in der Südstadt wieder stand, kehrte man flugs dorthin zurück. Bis 1974 blieben die Nachfahren Georgs hier federführend, zuletzt seine Urenkelin. Seitdem jedoch wird der Tripse Bock, diese klassische kölsche Eckkneipe und »Speisegaststätte«, verpachtet. Ab 1984 etwa zapften hier für sechzehn Jahre die Lukoschicks, die zuvor den »Rhöndorfer Hof« in Klettenberg geführt hatten.

Das Interieur des Tripse Bock stammt samt Kegelbahn komplett aus den 1950er Jahren. Auch die derzeitigen griechischen Wirtsleute verstehen sich als Bewahrer der Tradition. Zwar wird hier kein Ziegenkäse gereicht, der an den historischen Bock (beziehungsweise seine Ziegin) erinnerte, aber immerhin solcher vom Schaf.

Adresse Bonner Wall 2a, Südstadt | **Tel.** 0221/377 70 31 | **Öffnungszeiten** So–Fr ab 11 Uhr | **ÖPNV** Bahn 15, 16, Haltestelle Chlodwigplatz; Bus 132, 133, Haltestelle Alteburger Wall | **Sonstiges** Gutbürgerliches und griechisches Essen

94_Ubierschänke

Trinken ab elf

Keine schlechte Idee, seine Kneipe nach den kölsch-germanischen Ubiern zu benennen. Schließlich steckt in diesem Stammesnamen schon jenes Getränk, um das es hier hauptsächlich geht. Wie der Backes in der Darmstädter Straße steht auch die Ubierschänke für gastronomische Konstanz in der ansonsten stark veränderten Südstadt. Wo noch in den 1980ern Hausbesetzer, Studenten und sonstige »Herumtreiber« die Szene regierten, herrscht heutzutage eine eher bürgerlich-verbeamtete Ruhe. Der Laden an der Ecke Ring und Alteburger Straße hat sich davon jedoch nicht beeindrucken lassen.

Eine Kneipe hat hier schon bald nach dem Zweiten Weltkrieg existiert, aber die eigentliche Geschichte der Schänke beginnt in den 1970er Jahren. Damals übernahmen Reiner und Ernie die Regie, und der Laden verwandelte sich von einer heruntergekommenen bürgerlichen Eckkneipe in einen Szeneschuppen mit jazzigem Anstrich. Seinerzeit wurde auch die kleine Bühne installiert, die bald zahllose Live-Auftritte erlebte. Ende 1997 dann stand ein Generationenwechsel an, die heutige Crew übernahm die Ubierschänke. Angeblich war Günter Zabel, einer der neuen Besitzer, scharf auf ein Etablissement, das ihm ungestörte Doppelkopfrunden ermöglichte. Im »Alcazar«, das er seinerzeit mitbegründet hatte, war es allmählich zu voll geworden.

Aber wie dem auch sei, auch unter der neuen Führung blieb die Ubierschänke unverändert. Wie eh und je hängen die Wände voll mit historischen Kneipenfotos, und vorm Männerpissoir blickt man in die Augen von Stan und Ollie, Humphrey Bogart und Ingrid Bergman. Der größte Orden gebührt der Ubierschänke jedoch wegen ihrer Öffnungszeiten. Hier wird – selten in der Südstadt – der hölzerne Rollladen tagtäglich schon um elf Uhr hochgezogen. Vom Frühschoppen übers Feierabendbier bis hin zum nächtlichen Versacken ist hier dementsprechend alles möglich.

Adresse Ubierring 19, Südstadt | **Tel.** 0221/32 13 82 | www.ubierschaenke-koeln.de | **Öffnungszeiten** täglich ab 11 Uhr | **ÖPNV** Bahn 15, 16; Bus 132, 133, jeweils Haltestelle Chlodwigplatz | **Sonstiges** Kleine Speisen, Außengastronomie

95___vs.

Gegen den Trend

Vs. steht für »versus«, also lateinisch »gegen«. Und dieses Lokal verstößt tatsächlich gegen so manchen Trend. Während das restliche Viertel immer jünger, studentischer und hipper wird, setzt man hier auf bodenständige Gitarrenmusik und ein altersgemischtes Publikum. Ein interessanter Wandel mit innewohnender Konstanz, denn dieser Laden war eine der ersten Szenekneipen des später sogenannten Kwartier Latäng.

Hier eröffnete der gebürtige Bamberger Hubert Heller (1947–2010) am 5. Dezember 1969 seine erste Kneipe, das »Hatsch«. »Am Sonntag stand direkt eine Gruppe Rocker vor der Theke und ich als Wirt ganz alleine dahinter«, erinnerte er sich später an die wilde Anfangszeit. Mit dem »Hatsch« gelang es dem gelernten Maschinenbautechniker, seinen Altersgenossen einen ganz neuartigen, alternativen, vom bürgerlichen Mief befreiten Sammelpunkt zu bieten. Dass er bei der Dekoration durchgehend auf antike Statuen und Bilder setzte, tat dem Erfolg offenbar keinen wesentlichen Abbruch. Mit 5.000 DM Eigenkapital und 14.000 DM Schulden gestartet, verpachtete er die Kneipe zwei Jahre später bereits für satte 40.000 DM. Der Betrag wurde zur Basis für Hubert Hellers weitere Gastro-Karriere. Unter anderem führte er später das »Museum« (ab 1974, damals noch an der Kyffhäuser), den »Volksgarten« und das auf seinen Namen lautende Brauhaus an der Roonstraße. Sämtlich Lokale wurden ab 1991 zudem mit hauseigenem Öko-Kölsch versorgt.

Aus dem »Hatsch« (ja, Heller hatte es tatsächlich nach dem comicsprachlichen Nieslaut benannt) wurde Ende der 1970er das »Schmidt & Heller«, das die Gäste so lange Schmeller nannten, bis dies auch draußen dranstand. Statt griechischer Statuen schmücken heute schwarz-weiße Fotos zur Rockgeschichte den Raum, unter anderem aus dem Film »Easy Rider«. Und der, welch nette historische Parallele, ist genauso alt wie das Hatsch.

Adresse Kyffhäuser Straße 4, Kwartier Latäng | **Tel.** 0221/24 98 48 | **Öffnungszeiten** So–Fr ab 18, Sa ab 15 Uhr | **ÖPNV** Bahn 12, 15, 16, 18, Haltestelle Barbarossaplatz

96__Weinhaus Brungs

Kaiser, Papst und die Grinköpfe

Das »Haus Brungs« war früher neben etwa dem »Vogel« am Eigelstein (siehe Seite 200) eines der wenigen echten Weinhäuser der Stadt. Heutzutage bekommt man hier zur gehobenen Küche auch ein Kölsch serviert, wenn es denn sein muss.

Bis 1545, schreibt der Kölner Chronist Hermann von Weinsberg (1518–1597), hatte am Marsplatz ein römisches Stadttor gestanden, das einst zum Hafen hinunterführte. Nach dem Abriss errichtete der Ratsherr Gillis Eiffler an gleicher Stelle zwei repräsentative Gebäude. Nachdem diese Mitte des 19. Jahrhunderts in den Besitz der nicht minder alteingesessenen Familie Brungs übergingen, verband man die beiden Einheiten. Der Durchbruch wurde mit jenem neogotischen Spitzbogen ausgekleidet, durch den man heute zur Theke schreitet. Links auf Augenhöhe erblickt man den eingemeißelten »Worbel«, eine Figur, die auf einen Stadtnarren des 12. Jahrhunderts namens Pankratz Weinstock zurückgehen soll.

Ohnehin geht es im Weinhaus Brungs sehr figürlich zu. Besonders viel Historie atmet der gastronomische Gewölbekeller, der im Zweiten Weltkrieg unzerstört blieb. Hier tafelt man in römischem Mauerwerk und lässt sich von gruseligen Grinköpfen auf den Teller stieren. Die Fratzen dienten ursprünglich zur Befestigung von Seilzügen und hingen über dem Kellerabgang von Handelshäusern. Die beiden in die Wand eingelassenen Ganzkörperskulpturen von Kaiser und Papst wiederum entstammen, so wird vermutet, einem Kirchenraub aus dem Süddeutschen. Passend dazu sitzt man hier teilweise auf uraltem Chorgestühl unbekannter Herkunft. Das Gefühl, dort unten Teil eines mittelalterlichen Krimis zu sein, verstärkt sich noch, wenn man weiß, wie es jenseits der Mauern weitergeht. Sollte es nämlich jemals nötig werden, durch den Notausgang zu flüchten, dann landet man wo? – Direkt unter dem Rathaus.

Adresse Marsplatz 3, Altstadt | **Tel.** 0221/258 16 66 | www.weinhaus-brungs.de | **Öffnungszeiten** täglich ab 12 Uhr | **ÖPNV** Bahn 1, 7, 9, Haltestelle Heumarkt | **Sonstiges** Gutbürgerliche Küche, Außengastronomie

97 __Weinhaus Vogel
Von Dionysos zu Gambrinus

Das Wort Eigel stammt von römisch aquila (= Adler), dem Feldzeichen der Legionäre. Noch im 17. Jahrhundert hieß der Eigelstein »platea aquilina« (Adlersgasse), bevor die französischen Besatzer ihn in Rue de l'Aigle umtauften. Straße passt auch sicher besser als Gasse, schließlich bildet der Eigelstein die Fortsetzung der Schneise Bonner-, Severins- und Hohe Straße und war seit der Antike die wichtigste Ausfallroute gen Norden.

Die Geschichte des Weinhauses Vogel beginnt im Jahr 1898, als Josef Vogel hier seine Hausbrauerei »Zur Sonne« gründete. Ab 1924 und bis zur Zerstörung im Zweiten Weltkrieg überwachte sodann sein Sohn Konrad die Maische. Das einstmals prächtige Gebäude wurde nur bis zum ersten Stock wieder hochgezogen, und als Flachbau begegnet es uns auch bis heute. Und noch immer prangt über dem Eingang der Schriftzug »Brennerei K. Vogel Weinhandel«.

Den Brauereibetrieb hatten die Vogels nach 1945 nicht mehr aufgenommen, stattdessen setzte man auf eine elaborierte Weinkarte. Bis in die 1980er Jahre hinein galt der Vogel als beliebter Treffpunkt für Freunde des Rebensafts. An diese Tradition erinnern heutzutage noch die im Schaufenster ausgestellten Weinflaschen, und hintendurch hängt das Steinrelief eines dreisten Dionysos, also des Weingottes. Vom Ambiente her ist das Lokal jedoch auf die Seite von Gambrinus, dem Bierheiligen, geschwenkt. Den Gast erwartet ein kölsches Brauhaus, dessen Thekenraum sicherlich zu den schönsten und atmosphärischsten der ganzen Stadt gehört. Am niedrigen Tresen stehen zu jeder Tages- und Abendzeit Menschen, die in den Vogel passen wie das Ei ins Nest. Die schlichte, lange Bank längs des Raums ist – dies belegen die alten Aufnahmen im Sälchen – ein Relikt aus vergangenen Zeiten. Und das kleine Bänkchen vorn am Thekenknick realisiert den Traum eines jeden Trinkers.

Adresse Eigelstein 74, Eigelsteinviertel | **Tel.** 0221/139 91 34 | **Öffnungszeiten** täglich 10–24, So nur bis 20 Uhr | **ÖPNV** Bahn 5, 12, 15, 16, 18, Haltestelle Ebertplatz | **Sonstiges** Brauhausküche, Biergarten

98 Weißer Holunder

Fifties-Charme und Veedelskneipe

Der Autor dieses Textes war im Jahr 1998 Kneipenschreiber des Weißen Holunder, und das bedeutete: ein Jahr lang einmal die Woche Freibier inklusive einem Essen. Sensationell, einen angenehmeren Literaturpreis kann man sich kaum vorstellen. Und dieser Wettbewerb steht zugleich exemplarisch für den Einfallsreichtum des Wirtsehepaars Margot und Karl Schiesberg, das hier bis zum Frühjahr 2013 das Zepter führte. Der Holunder ist alles in einem: eine Kleinkunst- und Musikbühne, auf der mal kommunistische Kampflieder, mal kölsche Krätzchen dargeboten werden; ein stimmungsvoller Spielsalon für ausgedehnte Billard- oder Skatturniere; und zu guter Letzt: eine wunderschöne Nachbarschaftskneipe.

Seine Pforten öffnete das Lokal an der Gladbacher Straße im Februar 1991. Schon seit den 1920er Jahren hatte in denselben vier Wänden die »Gaststätte Schumacher« existiert, eine traditionelle Eckkneipe. Als die Schiesbergs hier den Zapfhahn übernahmen, war vom alten Charme jedoch nicht viel geblieben. Diverse Verschlimmbesserungen der 1980er mussten entsorgt werden, bevor der Holunder sein heutiges Gesicht bekam. Original erhalten blieb etwa die Glasabtrennung zwischen Theke und Saal, während die Wände mit einer beinahe schon museal anmutenden Sammlung von 50er-Relikten geschmückt wurden: Küchenutensilien, antike Radios, historische Fotos zeitgenössischer Filmgrößen und vieles mehr. Und damit man die Fifties auch trinken kann, stehen hier Schnäpse wie Bärenfang, Eckes Edelkirsch und Schwarzer Kater im Regal. Herzstück des Kneipeninteriurs ist jedoch bis heute die Rock-Ola-Musikbox. Tag für Tag stimmt sie die Gäste mit einem alten Schlager von Gitta Lind auf den Abend ein. Er erschien erstmals im Dezember 1956 und sollte zum größten Hit der Sängerin werden. 26 Wochen hielt er sich in den Charts, und 35 Jahre später wurde eine Kneipe nach ihm benannt: »Weißer Holunder«.

Adresse Gladbacher Straße 48, Mediaparkviertel | **Tel.** 0221/510 10 18 | www.weisser-holunder.de | **Öffnungszeiten** Mo–Fr ab 16, Sa u. So ab 11 Uhr | **ÖPNV** Bahn 12, 15, Haltestelle Christophstraße/Mediapark | **Sonstiges** Kleine Speisen

99__Wirtshaus Spitz
Kölsch statt Cocktailbar

Betrachtet man die alten Fotos hinter dem Eingang, dann entsteht der Eindruck, dass es im Spitz nicht ohne »Peter« und »itz« geht. Hieß der Brenner 1930 noch Peter Iditz, so belegt die Aufnahme von 1954 einen Peter Zitzen, dessen Familie das Haus an der Neusser Straße auch bis heute gehört. Benannt wurde das Lokal hingegen nach Peter Spitz, dessen Name auch stets parallel zu den beiden anderen auf der Fassade zu lesen ist.

Das Spitz ist heutzutage wieder das, was es die meiste Zeit über war: ein echt kölsches Wirtshaus. Die dunklen, bis in rund zwei Meter Höhe holzvertäfelten Wände gehen über in eine mit buntem Bleiglas verkleidete Decke. Der rustikale Dielenboden verbindet die Theke mit dem lang gezogenen Saal. Diese Wende verdankt das Lokal allerdings einer groß angelegten Rundum-Renovierung von 2006. Bis dahin nämlich war das Spitz verschandelt worden. Die vormaligen Pächter hatten das Traditionshaus rot angestrichen und die verrückte Idee, hier eine Art Cocktailbar zu realisieren. Der Plan scheiterte grandios, denn die alten Gäste blieben weg, und neue wollten sich nicht einfinden. Das Spitz musste schließen.

Die Gründung dieser Institution im Agnesviertel geht auf das Jahr 1902 zurück. Damals eröffnete Peter Spitz hier seine Brennerei mit angeschlossenem Wirtshaus. Nach seinem Tod übernahm seine Frau das Zepter, bis das Haus im Zweiten Weltkrieg zerbombt wurde. Direkt 1945 machte man sich an den Wiederaufbau, aber noch im Jahr 1951, das sieht man auf einem der erwähnten Fotos, stand hier nicht mehr als eine einstöckige Baracke. Weil die große Zeit des Kölsch noch bevorstand, gingen in diesen Mauern vor allem Dortmunder Union und Würzburger Hofbräu über die Theke. Inzwischen wird das Spitz jedoch von der Gaffel-Brauerei beliefert, und der Besitzer ist seit 2007 Youssef Choumani, ein kölscher Marokkaner.

Adresse Neusser Straße 23, Agnesviertel | **Tel.** 0221/716 69 94 | www.wirtshaus-spitz.de |
Öffnungszeiten täglich ab 12.30 Uhr | **ÖPNV** Bahn 5, 12, 15, 16, 18, Haltestelle Ebertplatz |
Sonstiges Brauhausküche, Außengastronomie

100 Wirtz

Die Kneip, die jitt et noch

In seinem Song »Nix wie bessher« erinnerte sich Wolfgang Niedecken an die alten Zeiten in der Kölner Südstadt: »En Bäckerei, en Weetschaff, Pandhuus un Milchjeschäff, die Musikbox vum Wirtz woor ein Woch lang Stadtjespräch, weil do en unerhörte Plaat nur noch leef der janzen Daach: ›Love me tender‹, wat en Sprooch!!«

Die Musikbox gelangte, so vermutet der heutige Wirt Alexander Haag, nur dank künstlerischer Fantasie ins Wirtz. Auch heutzutage läuft hier keine Musik. Stattdessen rühmen die Stammgäste die gute rheinische Küche und da vor allem die riesigen Koteletts. Man beachte in diesem Zusammenhang das Pappschild an der Küchendurchreiche: »So werden Koteletts gemacht«, das von einem alten Stammgast und Schildermaler stammt.

Das 1882 erbaute Gebäude wurde sieben Jahre später um ein Weinhaus im Parterre ergänzt. Seine archaische Atmosphäre verdankt sich nicht zuletzt der Tatsache, dass es den Bombenkrieg der Alliierten beinahe schadlos überstand. Seit Mitte der 1960er, als man die alte Blümchentapete entfernte, hat sich hier nichts außer den Wirtsleuten geändert: Bis 1977 wurde das Bier von der namensgebenden Familie Wirtz gezapft, bevor dann die Eltern des heutigen Chefs Alexander Haag übernahmen. Eine besondere Rolle im Leben vieler Kölner spielt die Wirtschaft durch ihre Nähe zum Severinsklösterchen. Weil das unter anderem eine der beliebtesten Geburtsstationen der Domstadt unterhält, tranken hier schon viele Generationen erleichterter Väter ihr erstes Kölsch auf den frischgeborenen Nachwuchs.

Die Musikbox mit den Elvis-Scheiben ist längst Geschichte, und mit den verschwundenen Phänomenen des Severinsviertels endet auch das eingangs zitierte BAP-Lied: »Dä Schuster litt om Südfriedhoff, sing Pooz ess jetz ne Copyshop, nur em Wirtz sing Kneip, die jitt et noch.« – Und das stimmt nun definitiv!

Adresse Isabellenstraße 1, Südstadt | **Tel.** 0221/31 48 39 | www.wirtz-koeln.de |
Öffnungszeiten Mo–Fr ab 16.30, Sa ab 17.45, So ab 17.30 Uhr | **ÖPNV** Bahn 3, 4,
Haltestelle Severin-straße; Bahn 15, 16, Haltestelle Ulrepforte | **Sonstiges** Gutbürger-
liche Küche

101 Zum Alten Brauhaus

Heinrich Reissdorf und das Vringsveedel

Der Name ist so falsch wie richtig. Wer hier eintritt, befindet sich ganz offensichtlich nicht in einem »alten« Brauhaus. Andererseits blickt genau dieser Ort auf eine altehrwürdige Brauhaustradition zurück, die sich mit anderen durchaus messen kann. Denn hier an der Severinstraße liegt immerhin die Wiege der Reissdorf-Brauerei.

Insgesamt fünfzehn Brauereien befanden sich ehemals an der Severinstraße. Heinrich Reissdorf gründete die seine im Jahr 1894, in seinem fünfzigsten Lebensjahr. Ursprünglich hatte der Mann aus Zieverich bei Paffendorf eine Schneiderlehre absolviert und in Köln die Tochter eines Herrenausstatters geehelicht. Nach seiner Militärzeit wurde Reissdorf ein angesehener Uniformschneider, bevor er auf dem erworbenen Grund an der Severinstraße das Metier wechselte. Alte Aufnahmen belegen, dass sich anfangs im Erdgeschoss noch ein Nähmaschinenladen befand. Nach Heinrichs Tod führte seine Frau Gertrud den Betrieb weiter, die den Stab wiederum an ihre Söhne übergab.

Ursprünglich bestand das Areal aus dem Haupthaus zur Severinstraße hin, dem ein Biergarten sowie das rückwärtige Sudhaus folgten. Ab 1923 wurde hier auch Pils gebraut, und 1936 verfüllte man Obergäriges als erste Kölner Brauerei in Flaschen. Weil im Krieg immerhin die Brunnen heil geblieben waren, konnten die verbliebenen Reissdorfs entscheidend zur Trinkwasserversorgung des Vringsveedels nach 1945 beitragen. Unter den Trümmern fanden sich Lagerreste an Hopfen und Malz, und nachdem die Schusslöcher der Braukessel geflickt waren, konnte hier bereits im Juli '45 wieder Bier gezapft werden.

Die Reissdorf-Brauerei ist 1998 komplett nach Rodenkirchen übergesiedelt. Ihr Brauhaus auf der heimischen Severinstraße öffnete erst 2009 wieder seine Pforten. Zum Alten Brauhaus? – Mit dieser Vergangenheit auf dem Buckel: Ja!

Adresse Severinstraße 51, Südstadt | **Tel.** 0221/60 60 87 80 | www.Brauhaus-Südstadt.de | **Öffnungszeiten** täglich ab 11 Uhr | **ÖPNV** Bahn 15, 16; Bus 132, 133, jeweils Haltestelle Chlodwigplatz | **Sonstiges** Brauhausküche, Außengastronomie

102 Zum Grinkenschmied
Der Heinzelmann vom Wupperplatz

»Grinken«, so nennt man die eisernen Reifen, mit denen man früher die Holzräder eines Bauernkarrens bespannte. Und der Grinkenschmied, das ist – zumindest im Kölner Raum – der letzte Heinzelmann. Nachdem die neugierige Schneidersfrau die fleißigen Zwerge vertrieben hatte, verschwanden sie bekanntlich auf Nimmerwiedersehen. Seiner Heimat treu blieb nur der Grinkenschmied: Er flüchtete zwar über den Rhein, hielt aber bereits in Höhenhaus inne. Dort am Emberg, in einer Höhle »Aan de sibbe Bäum«, haust er seitdem mit Fernblick auf den Dom.

Diese Fortschreibung der August-Kopisch-Sage verdankt Köln dem Autor und Heimatforscher Franz-Peter Kürten (1891–1957). In Höhenhaus wurde sie so beliebt, dass sich der Grinkenschmied zu einer Art Dorfheiligem entwickelte. Zum Beginn der dreitätigen Kirmes wird er im Rahmen eines Festzuges durch den Ort getragen. Und auf dem zentralen Wupperplatz steht seit 1979 auch ein Denkmal des Gnoms.

Ebenfalls am Platz und direkt gegenüber jener Bronzetafel liegt die Veedelskneipe gleichen Namens. Der heutige Grinkenschmied öffnete im Jahr 1956 in den Räumen einer ehemaligen Polizeistation seine Pforten. Damals beschränkte sich das Lokal auf den Bereich um die Theke und den schmalen Durchgang zur Kegelbahn. Der geräumige Saal hinten rechts kam erst später hinzu. Richtig voll wird es hier vor allem samstags ab elf. Dann nämlich wird auf dem Wupperplatz Markt abgehalten, eine Tradition, die nicht zuletzt das Dorfleben befördert.

Angeblich erledigte Grinki, wie man ihn hier nennt, auch im Exil noch allerlei Arbeiten, die man ihm vor seine Höhle legte. Seine eisernen Bänder benötigt heutzutage jedoch niemand mehr. Vielleicht hat er früher in der nach ihm benannten Kneipe die Fässer beschlagen, als die noch aus Holz waren. Inzwischen jedoch kehrt er hier wohl nur noch ein, um heimlich einen zu trinken.

Adresse Wupperplatz 15, Höhenhaus | **Tel.** 0221/96 46 03 65 | www.zum-grinken schmied.de | **Öffnungszeiten** Di–Sa ab 16, So ab 17 Uhr | **ÖPNV** Bahn 4, Haltestelle Am Emberg | **Sonstiges** Gutbürgerliche Küche, Biergarten

103 Zum Jägerhof

Die Immendorfs, die Frühs und die Ewalds

Die Geschichte des Jägerhofs ist eng verknüpft mit der 1865 gegründeten Immendorfschen Landbrauerei. 1874 nämlich zog diese auf das Gelände an der Zündorfer Hauptstraße und eröffnete dort einen Brauereiausschank. Sowohl Jacob Immendorf (1885–1966) als auch sein Bruder Peter Josef (1888–1958) heirateten übrigens Töchter von Peter Josef Früh. Die Beziehung der beiden Brauerdynastien blieb auch in der Folgezeit innig. So übernahm Peter Josef Immendorf 1943 die Geschäftsführung von Früh und führte die Firma auch während des Wiederaufbaus. Jacob hingegen erstand 1913 die Schmitzsche Brauerei in Müngersdorf, taufte sie Union Brauerei Köln und vereinigte sie fünf Jahre später mit dem inzwischen in Hubertus Brauerei umbenannten Familienbetrieb in Zündorf. Auch die Müngersdorfer Gründung steht in chronologischem Zusammenhang mit einem weiteren Kölner Traditionshaus: Hier, gegenüber dem Stadion, wurde ab 1993 für einige Jahre Sion Kölsch gebraut, bevor der gesamte Komplex einem Neubau wich.

Der Jägerhof gelangte 1919 in den Besitz der Familie Ewald, und der gehört er auch bis heute. Fünfundfünfzig Jahre lang, von 1936 bis 1991, stand hier ein Otto Ewald hinter den Zapfhähnen; bis 1965 der Vater, dann der Sohn. Und so trank man denn auch »Beim Ött«, wie das Lokal von älteren Zündorfern bis heute genannt wird. Ottos Enkel, der hier seit 1991 die Geschäfte führt, heißt jedoch weder Otto noch Ewald, sondern Ralf Keppeler. Selbst Mitglied der Fidele Grön-Wieße Rezag/Ehrengarde Porz, hat die Karnevalsgesellschaft im Jägerhof natürlich auch ihren Stammsitz. Das Kürzel Rezag steht dabei für Rheinische Ziehglas AG – Porz ist bis heute ein bedeutender Standort für Spezialglas-Anfertigungen. Eingedenk ihrer Farben und so mancher ausschweifender Feier haben die KG-Mitglieder noch einen weiteren Namen für dieses Lokal: Sie nennen es die »Grüne Hölle«.

Adresse Hauptstraße 188, Zündorf | **Tel.** 02203/987 60 | **Öffnungszeiten** täglich ab 17 Uhr | **ÖPNV** Bahn 7, Haltestelle Zündorf | **Sonstiges** Gutbürgerliche Küche, Außengastronomie

104_ Zum Kleinen Krug
Schauerpower pur

Wer sich Buchheim von Osten her, über die Bergisch Gladbacher Straße nähert, stößt an der Ecke zum Mülheimer Ring auf eine rechter Hand gelegene Brache. Darauf steht ein Kiosk, an das sich rechts eine weitere unscheinbare Bude schmiegt. Der Kleine Krug, denn so heißt dieser Verschlag, kann durchaus ein Grund sein, Buchheim einmal zu besuchen. Denn solch ein Lokal findet man nicht mehr allzu oft in Deutschland.

Büdchen und Kneipe entstanden aus einer gemeinsamen Urzelle. Wo heute die Kasse steht, war früher, genauer 1960, ein Durchgang. Ganz am Anfang durfte Jakob Dammbruch, der Betreiber, noch nicht einmal Flaschenbier ausschenken – die Pullen gab es nur unter der Theke. Bald darauf jedoch war hier eine improvisierte Kleinstkaschemme entstanden – samt jenem noch heute vorhandenen Thekenschrank, den ein schreinernder Stammgast aus alten Möbeln zimmerte. Zwar reichte das Lokal zunächst nur bis zum Ende des heutigen Tresens, aber schon 1961 erwuchs hier eine kickende Thekentruppe. Der 1961 gegründete SC Kleiner Krug bestand weit über zwei Jahrzehnte und brachte es in seiner besten Zeit sogar auf eine zweite Mannschaft. Dass auch die gleichnamige Kneipe schon bessere Zeiten erlebt hat, davon zeugt die winzige, vielleicht anderthalb Meter breite Nische an der Rückwand. Auf Kölns wohl kleinster Bühne spielten einst Musiker zum Tanz auf.

Jakob Dammbruch quittierte in den 1980ern den Dienst. Später wirkte hier unter anderem sein Sohn Fred für einige Jahre, bevor 2003 Elsbeth Ollig übernahm. »Bei Els« heißt der Kleine Krug seither im Untertitel, und welchem Hobby die Els frönt, erkennt der Gast auf den ersten Blick nach dem Eintritt. Hier hängt der Himmel nicht voller Geigen, sondern voller Hexen. Sämtliche Wände, Decken und Ecken sind mit langnasigen, besenreitenden Furien bestückt – Schauerpower pur.

Adresse Bergisch Gladbacher Straße 181, Buchheim | **Tel.** 0162/592 44 51 | **Öffnungs-zeiten** Mo 10–14, Di–Sa ab 10 Uhr | **ÖPNV** Bahn 3, 13, 18, Haltestelle Herler Straße, evtl. weiter mit Bus 159 bis Haltestelle Mülheimer Ring

105 Zum letzten Pferd

Prinz, Wolle und die Meusers

Es war in der Mitte der 1970er Jahre, als hier jeweils am Wochenende eine Band namens Gypsy and the Soundriders (andere behaupten, sie hieß The Screamers) aufspielte. Gitarre und Gesang: Wolfgang Remling, der später als Wolle Petry bekannt wurde.

Das Lokal verdankt sich letztlich der rasanten Stadtentwicklung im Kölner Westen. Heinrich Meuser war Bauer und besaß einen Hof, zu dem auch dieses 1880 gebaute Häuschen gehörte. Sein Ackerland jedoch hatte er von der Stadt gepachtet. Und dann entstand der Grüngürtel, und Meuser wurden einige Flächen gekündigt. Danach baute man eine Siedlung, wo vorher Kappes gezogen wurde. Als schließlich auch noch der Autobahnring und der WDR hinzukamen, sattelte Meuser um. 1960 waren die Kühe verkauft – sie standen übrigens dort im Stall, wo es heute ein wenig abwärts geht. Bald darauf hatten die Meusers hier eine Kneipe eingerichtet, für die sie nach einem Namen suchten. »Prinz«, das angeblich letzte Pferd des einst landwirtschaftlich geprägten Bocklemünd, gab den Ausschlag: Seit 1962 trinkt man hier deshalb Zum letzten Pferd. Der Bühnengestalter Hans Quappe schuf später das große Pferde-Gemälde gegenüber der Theke, und seit etwa 1990 finden sich die namensgebenden Tiere auch in Form von Rheinischem Sauerbraten auf der Speisekarte wieder.

Hans-Peter Meuser, der heutige Wirt, half seinen Eltern schon als kleiner Junge im Lokal. Nach dem Tod des Gründers 1970 ging er Mutter Resi zur Hand, die noch bis 2007 in der Küche mitarbeitete. Prinz, das Pferd, wurde schon 1968 friedlich eingeschläfert. Und Wolle Petry? Weil er nicht zum Bund wollte, bekam er mehrfach bestätigt, dass er hier im Letzten Pferd einen seriösen Arbeitsvertrag habe. Später heuerte er im legendären Forsbacher »Whisky Bill« an, wo man häufiger spielen und mehr verdienen konnte. Dort wurde er »entdeckt«.

Adresse Grevenbroicher Straße 62, Bocklemünd | **Tel.** 0221/50 40 30 | **Öffnungs-**
zeiten Mi–Mo ab 16 Uhr | **ÖPNV** Bahn 3, Haltestelle Schaffrathsgasse | **Sonstiges**
Gutbürgerliche Küche, Biergarten

106 Zum Schwazze Köbes

Kaate, Knobele, Suffe

Die Geschichte von Traditionskneipen ist häufig eine Geschichte familiärer Verbandelungen. So auch im Fall des Schwazze Köbes, einer klassischen Ehrenfelder Veedelskneipe. Vor dem Krieg, ja, schon in den 1920er Jahren hieß die Wirtschaft »Hansen«. In diese Familie heiratete ein Ehrenfelder Jung ein, ein gelernter Kraftfahrer, der auf den Namen Jakob Schwarz hörte. Und Jakob Schwarz, das ist auf Kölsch der »Schwazze Köbes«. Im Laufe der 1960er Jahre übernahm Jakobs Tochter das Zepter, zusammen mit ihrem Mann Reinhold Weinrichs. Das vom Krieg zerstörte Haus, von dem nur die Kneipe im Parterre geblieben war, wurde unter ihrer Regie peu à peu wiederaufgestockt.

Die Weinrichs führten die Kneipe bis zum Ende der 1970er Jahre. Wenn man fragt, was sich seither verändert habe, lautet die Antwort hier unisono: »Nix!« Aber na gut, im Durchgang zum Sälchen stand früher ein Kohlenofen, der ist inzwischen fott. Genauso wie manch prominenter Stammgast. Hier verkehrten nicht nur die Sportredakteure von Rundschau und Stadt-Anzeiger, sondern auch Müllers Aap und andere Sportler. Ob jedoch der als trinkfreudig bekannte FC-Meistertrainer Hennes Weisweiler hier wirklich einmal betrunken gegen die Theke gep... hat, darüber ist man sich nicht mehr ganz einig. Gesichert ist hingegen, dass auf die Weinrichs-Ära bald die von Nagelschmidts Adi folgte. Außerordentlich beliebt sei der gewesen, der hatte ein großes Herz fürs »Kaate, Knobele und Suffe«. Vor allem Apfelkorn. Nachdem er gestorben war, stand hier bis ins Jahr 1996 seine Tochter hinterm Tresen, wegen ihrer vielen Männer auch die »Liz Taylor von Ehrenfeld« genannt. Aber das ist eine andere Geschichte.

Verlässt man den Schwazze Köbes, genügt übrigens ein Blick auf die Hauswand, um aller Sünden ledig zu werden. Dort nämlich ist eine Madonnenstatue eingelassen.

Adresse Thebäerstraße 50, Ehrenfeld | **Tel.** 0221/51 85 00 | **Öffnungszeiten** täglich ab 11 Uhr | **ÖPNV** Bahn 3, 4, Haltestelle Körnerstraße

Frikadellen
stets frisch

107 Zur Alten Post
Bauerndorf und Vorortkino

Jahrzehntelang lagen sie einträchtig nebeneinander: Die Alte Post und das »Haus Füssenich« in Rondorf. Fragt man die Kneipengänger der Ortschaft, so rekrutierten die Lokale dieselbe Klientel: Man ging zum »Füssenich« und danach in die Post oder andersherum. Immer wieder jedoch wurde die kleine Dorftour zwangsweise unterbrochen. Mal stand die Post leer – wie im Jahr 2004; und mal erwischte es – wie zuletzt 2010 – das »Haus Füssenich«.

Mitte des 19. Jahrhunderts war Rondorf noch ein kleiner Bauernweiler vor den Toren Kölns. Die ersten mehr oder weniger durchgängig bebauten Straßenzüge gingen von der Ecke Haupt- und Kapellenstraße aus, genau dort, wo heutzutage die genannten Kneipen liegen. Noch im Jahr 1900 jedoch befand sich hier ein kleines, zu einer Hofanlage gehörendes Eckhaus, das bald darauf abgerissen wurde. Zur selben Zeit entstand am Rande dieses historischen Kerns die Pfarrkirche Hl. Drei Könige, die inzwischen entweiht und zu einem Architektenhaus umgebaut wurde.

Spätestens ab 1917, das belegen alte Aufnahmen, konnte man an der zentralen Straßenkreuzung Bier trinken, und zwar in der »Restauration Zur Post von W. Fusswinkel«, wie der Schriftzug an der Fassade besagte. Ein mächtiger Bau war da erwachsen, um den herum sich bis heute zahlreiche zum Teil winzige, anderthalbstöckige Bauernhäuschen gruppieren. Platz war also genug dort, auch für einen Filmsaal. Wahrscheinlich schon vor dem Zweiten Weltkrieg, in jedem Fall aber noch danach, befand sich im ersten Stock ein typisches Vorort-Kino. Hier wurden Filme gezeigt, die im innerstädtischen Bereich ausgedient hatten. Die Zeiten sind lange vorbei, zwischenzeitlich wurden über dem Lokal sogar einmal Zimmer vermietet. Heutzutage wird die Atmosphäre hier von den rötlichen Backsteinfliesen an den Wänden dominiert, wagemutig ergänzt durch eine weitflächig verklebte Tapete desselben Musters.

Adresse Rondorfer Hauptstraße 22, Rondorf | **Tel.** 02233/20 99 36 | **Öffnungszeiten** Mo, Di, Do, Fr ab 10, Sa u. So 10–14 u. ab 17 Uhr | **ÖPNV** Bahn 16 bis Bahnhof Rodenkirchen, dann Bus 131 bis Haltestelle Rondorf | **Sonstiges** Gutbürgerliche Küche

108 Zur Alten Schiffsbrücke

... oder: Der Müllemer Blues

Die alte Schiffsbrücke kam aus Mainz. Man schrieb das Jahr 1885, als die Stadt Mülheim diese mobile Behelfsbrücke auf dem Second-Hand-Weg erwarb. Drei Jahre dauerten Transport und Installation des Rheinübergangs, der dann immerhin bis 1927 Bestand hatte. Ein paar Meter weiter hoch nach Mülheim hinein benannte sich 1966 eine kleine Eckkneipe nach diesem historischen Bauwerk. Noch heute findet man in der Alten Schiffsbrücke zahlreiche Aufnahmen der Namensgeberin, kulminierend in einem riesigen, fast zehn Quadratmeter großen Poster an der Rückwand.

Gründer Michael Pohl soll ein eigenwilliger Mensch gewesen sein. Wer in Anwesenheit dieses Wirts sein Wort gegen die SPD oder den FC (einen traditionellen CDU-Verein) erhob, der flog auf der Stelle raus. Am nächsten Tag jedoch stand Pohlse Michel ebenso zuverlässig mit einem Strauß Blumen vor der Tür des Geschassten: War alles nicht so gemeint!

Später war Pohl unter anderem Besitzer der »Post« auf dem alten Barmer-Gelände in Deutz – also jener Kneipe, die sich dem Komplettabriss des Geländes lange Zeit beharrlich widersetzte. Nachdem Max Kurschildgen, zuvor Köbes der Schiffsbrücke, als Wirt 1979 abgedankt hatte, kamen hier Karl und Trude Langhirt zum Zuge. Während Trude zuvor für die Firma Postel in Spritzguss gemacht hatte, stand mit Karl ein Elektriker von Felten & Guilleaume hinter der Zapfanlage. Ebenso gewerbefremd trat dann 1996 Manfred Dietzler, der Mann von Karls Tochter Karin, hier ein. Der ehemalige Karatekämpfer hatte ein Ingenieursstudium absolviert und fünfzehn Jahre eine entsprechende Firma geleitet, bevor er radikal umsattelte. Hier in der Schiffsbrücke konnte er sodann eine alte Leidenschaft wieder aufleben lassen: die Bluesmusik. Der passionierte Schlagzeuger modelte das rückwärtige Sälchen zu einer Bühne um, die den Mülheimern nun schon seit Jahren regelmäßig den Blues bringt.

Adresse Buchheimer Straße 8, Mülheim | **Tel.** 0221/61 79 07 | www.schiffsbruecke.de | **Öffnungszeiten** Mo–Fr ab 11, Sa u. So ab 10 Uhr | **ÖPNV** Bahn 4, 13, 18, Haltestelle Wiener Platz | **Sonstiges** Gutbürgerliche Küche

109_ Zur Alten Zollgrenze

Kaufleute, Galopper und Napoleon

Eine der traditionsreichsten Kölner Schänken liegt eingebettet in ein recht unattraktives Umfeld. Der kleine Biergarten wächst in einen tristen Parkplatz, gegenüber blickt man auf schmucklose Mietskasernen, und zwischendurch fließt der Verkehr der viel befahrenen Neusser Straße. Letztere jedoch ist zugleich verantwortlich für die historische Bedeutung des Lokals. Denn diese Ausfallstraße gen Norden ist römischen Ursprungs und damit seit rund zweitausend Jahren ununterbrochen in Betrieb. 1698 wurde hier eine Wirtschaft installiert, in der man zugleich Bier braute und Schnaps brannte. Beides konnten jene Kaufleute gebrauchen, die im Nebenzimmer ihren Wegezoll zu entrichten hatten. Bis Ende des 19. Jahrhunderts ging das so, und damals, 1898, wurde auch die nahe Galopprennbahn gebaut. Die ersten Pferde standen, wie zuvor die der Kaufleute und Postillons, in den Ställen der Zollgrenze.

Kaum eine andere kölsche Wirtschaft kommt dermaßen holzbetont daher. Die Paneelen reichen bis zur Decke, die ebenfalls mit dem urwüchsigen, dunkel gebeizten Baustoff ausgeschlagen ist – hier fühlt man sich aufgehoben wie in einer alten Schatzkiste. Zu würdigen wusste das auch so mancher prominente Besucher der letzten dreihundert Jahre. Der Überlieferung nach ist sogar Napoleon hier vorbeigekommen. Man weiß allerdings nicht, ob siegessicher auf dem Hin- oder geschlagen auf dem Rückweg seines verheerenden Russlandfeldzuges. Hat er hier gespeist oder sogar genächtigt? – Dä ein säät esu, dä andere esu! Aber natürlich nahm man den berühmten Besucher zum Anlass für manche Reminiszenz, etwa bei der Gestaltung der Bleiglas-Fenster. Die figürlichen Darstellungen darauf illustrieren das Brauerhandwerk, aber auch den Besuch des französischen Kaisers. Napoleon bekommt hoch zu Ross einen Krug gereicht, und in der Tür steht eine Frau. Man beachte den Blick, den die beiden sich zuwerfen ...

Adresse Neusser Straße 549, Weidenpesch | **Tel.** 0221/74 83 43 | www.zollgrenze.de |
Öffnungszeiten Mo, Mi–So ab 17, So auch 11–14 Uhr | **ÖPNV** Bahn 12, 15, Haltestelle
Mollwitzstraße | **Sonstiges** Brauhausküche, Biergarten

110 Zur guten Quelle

Im Souterrain der Deutzer Freiheit

Zur Quelle geht, wer Durst hat. Eine Quelle erfrischt, und darüber hinaus liefert sie den wichtigsten Rohstoff einer jeden Brauerei. Vor diesem Hintergrund ist es nicht verwunderlich, dass so manches Gasthaus sich diesen eingängigen Namen gab: Zur guten Quelle. Dass jedoch auch die Gastronomie an der Deutzer Freiheit auf diesen Namen lautet, verdankt sich diversen Glücks- und Zufällen.

Da wäre zunächst einmal das kleine Wunder, das dieses Gebäude als einziges der gesamten Zeile unbeschädigt über den Krieg rettete. Verschiedene Zeugnisse belegen die Historie des Hauses, allen voran die Giebelinschrift, die es auf das Jahr 1886 urdatiert. Ein Foto von 1927 weist den Parterrebereich als Metzgerei aus, aber möglicherweise schon vor 1945 war hier eine Kneipe eingezogen. Darauf weist jedenfalls jener weitere Zufall hin, durch den bei der Fassadensanierung 1996 der Schriftzug »Zur guten Quelle« über dem Eingang freigelegt wurde. Als hier 1998 Beate Real de Ley den Tresen übernahm, taufte sie das Lokal auf diesen Namen um.

Das »Düxer Treppchen«, Vorgänger der guten Quelle, genoss angeblich einen zweifelhaften Ruf. Wer im Rotlichtviertel der anderen Rheinseite nicht mehr bedient wurde, kam stattdessen hier zu seinem Absacker. Die Kaschemmenzeiten sind zwar vorbei, aber altkölsch-atmosphärisch geht es in diesen Wänden noch immer zu. Bei Nummer 59 handelt es sich um ein sogenanntes Dreifensterhaus, und dementsprechend schmal und kontaktfreudig präsentiert sich auch der Kneipenraum. Besonderen Charme gewann das Gebäude zudem durch den Wiederaufbau der Deutzer Brücke. Denn als Überrest der Vorkriegsbebauung steht es seitdem auch als einziges auf dem alten, deutlich niedrigeren Niveau der Deutzer Freiheit. Hatte man zuvor zwei Stufen erklimmen müssen, um hier einzutreten, so geht es seitdem elf nach unten. Aber das ist ja immerhin eine kölsche Zahl.

Adresse Deutzer Freiheit 59, Deutz | **Tel.** 0221/33 77 17 70 | www.gaestehaus-quelle.de |
Öffnungszeiten Mi–Mo ab 16 Uhr | **ÖPNV** Bahn 1, 7, 9, Haltestelle Deutzer Freiheit

111 Das Zwitscherhäuschen
Wo man Vögelchen im Kopf hat

Vogelsang, die Siedlung im Kölner Westen, entstand ab 1930 nach einer Planung auf dem Reißbrett. Auf städtischem Boden wuchs ein beinahe autonomes Dorf für einkommensschwache, oft kinderreiche Familien. Große Grundstücke sollten eine weitgehende Selbstversorgung mit Obst und Gemüse ermöglichen. Über die Jahre expandierte die Ortschaft, und irgendwann wurde es Zeit für eine Dorfschänke. Nachdem Josef Lehmann das Zwitscherhäuschen Ende 1937 (andere Quellen sagen: schon 1933) eröffnet hatte, entwickelte es sich schnell zum erweiterten Gemeindezentrum. Hier wurden Richtfeste und Einzüge genauso gefeiert wie Kindstaufen oder Jubiläen aller Art. Auch trafen sich im Zwitscherhäuschen die örtlichen Vereine, wenn sie nicht ohnehin – wie etwa der Männerchor Vogelsang von 1952 – hier gegründet wurden. Kneipier Josef Lehmann wurde dann auch, vier Jahre vor seinem Tod, 1955 zum ersten Ehrenmitglied des Chors gekürt. Direkt vor der Tür des Lokals, am Markt nämlich, begann zudem jene wohl weltweit einzigartige Vogelsanger Tradition des Kappesrollens. 1949 war das, als man dieses Kirmes-Spektakel aus der Taufe hob: ein Wettrennen mit kugelnden Kohlköpfen.

Seit 2010 präsentiert sich das Zwitscherhäuschen mit frisch renovierter Küche und überholtem Sanitärbereich. Äußerlich den schlichten Wohngebäuden ringsum angepasst, erwarten den Gast im Innern wie eh und je zwei helle Räume mit rechts gelegenem Thekenbetrieb.

Der Name »Zwitscherhäuschen« kommt übrigens in gleich zweierlei Hinsicht auf den Punkt. Zum einen versteckt sich hier natürlich die Redewendung vom »Einen zwitschern gehen«, im Sinne von: trinken, bis man fröhlich flötet oder Vögelchen im Kopf hat. Und zum anderen steht diese Kneipe eben in Vogelsang, einem Stadtteil, in dem sämtliche Straßen nach jenen zwitschernden Tierchen benannt sind.

Adresse Vogelsanger Straße 452, Vogelsang | **Tel.** 0221/58 22 91 | www.zwitscher haeuschen.de | **Öffnungszeiten** täglich ab 17.30 Uhr | **ÖPNV** Bahn 3, 4, Haltestelle Äußere Kanalstraße, dann Bus 141, 143, Haltestelle Vogelsanger Markt | **Sonstiges** Gutbürgerliche Küche, Biergarten

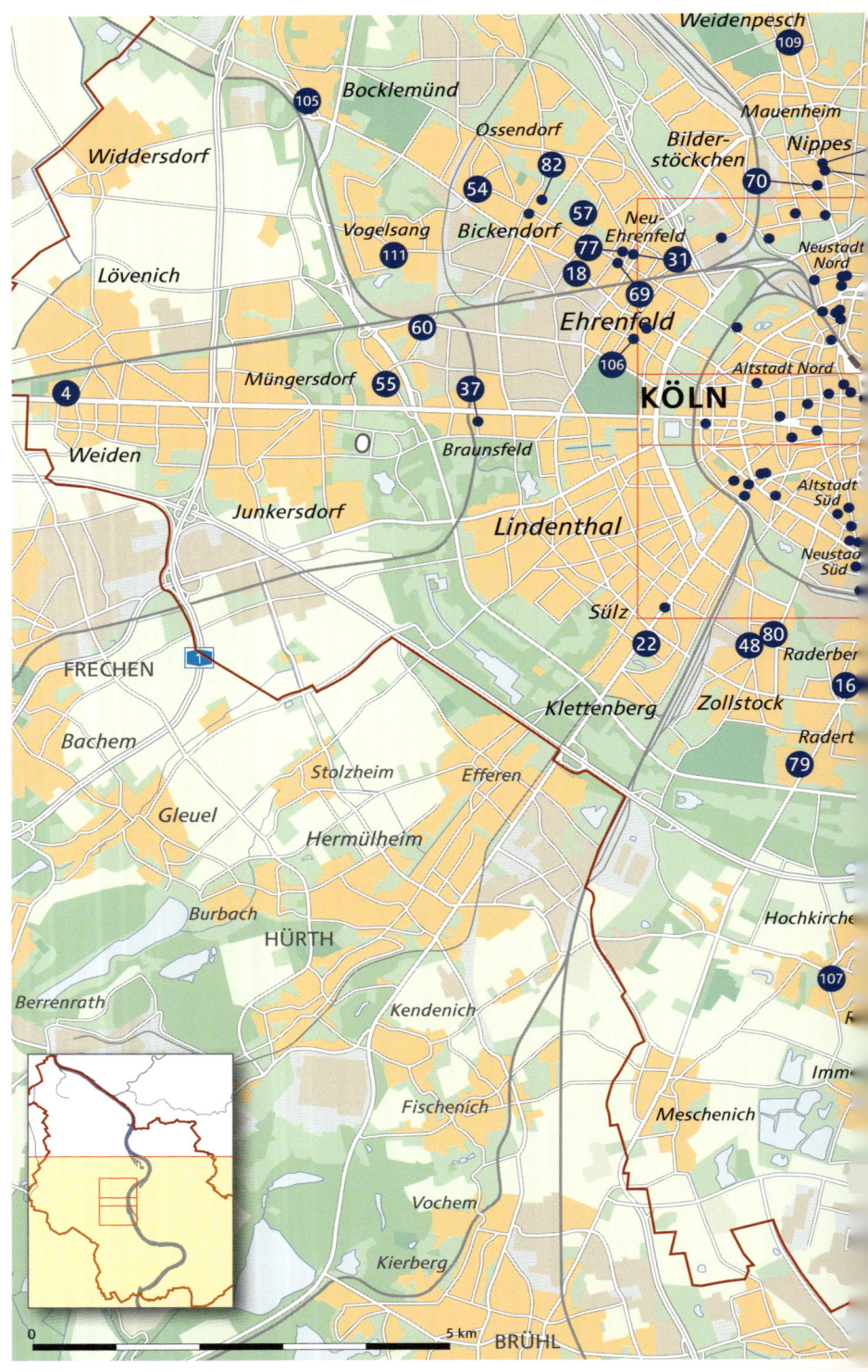

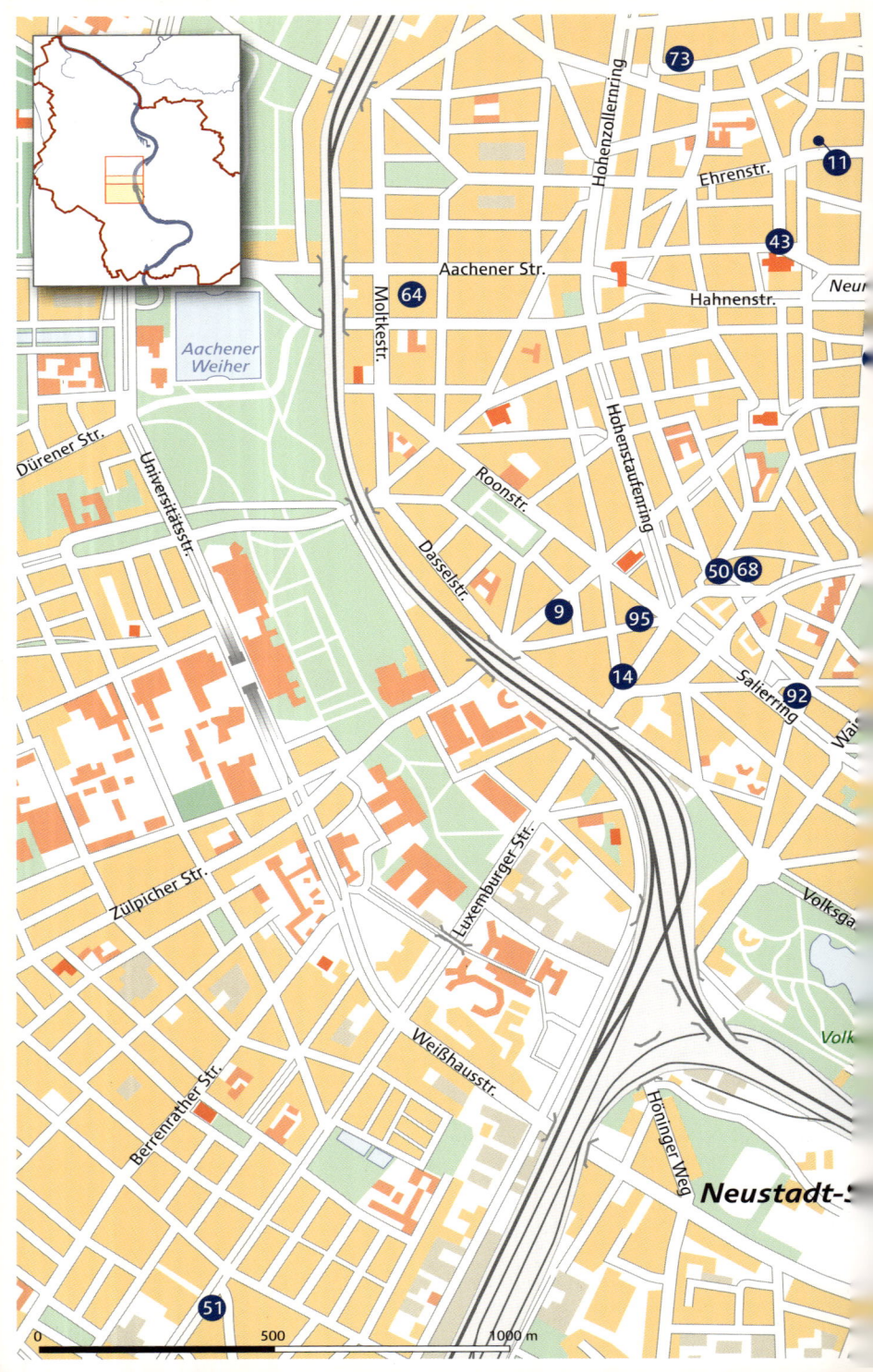

Hinweis für kommende Auflagen dieses Buches:
Nicht immer war es möglich, die Geschichte der aufgeführten Lokale lückenlos
zu rekonstruieren. Manches liegt im Nebel des Vergessens, verborgen hinter
Alkoholfahnen und Blauem Dunst. Wenn Sie also Fehler entdeckt oder ein
Lokal vergeblich gesucht haben, das Ihnen besonders am Herzen liegt, dann
schreiben Sie uns bitte. Ihre Informationen werden in die kommenden Auflagen
eingearbeitet.
Alle Einwände und Anmerkungen bitte an: thekentaenzer@netcologne.de.

Bernd Imgrund
111 KÖLNER ORTE, DIE MAN
GESEHEN HABEN MUSS
Mit Fotografien von Britta Schmitz
Broschur, 240 Seiten
ISBN 978-3-89705-618-3

»Das schönste Köln-Buch 2008.« Prinz

Bernd Imgrund
111 ORTE IM KÖLNER
UMLAND, DIE MAN
GESEHEN HABEN MUSS
Mit Fotografien von Nina Osmers
Broschur, 240 Seiten
ISBN 978-3-89705-777-7

*»In unterhaltsamen, humorvollen
Texten hat Imgrund viel Wissens-
wertes rund um die Geschichte dieser
111 Orte erzählt.«* Kölnische Rundschau

Bernd Imgrund
111 DEUSCHE WIRTSHÄUSER,
DIE MAN GESEHEN HABEN
MUSS
Broschur, 240 Seiten
ISBN 978-3-95451-080-1

erscheint im Mai

Der Autor
Bernd Imgrund, geboren 1964 in Köln, arbeitet als Autor
und Journalist. Er schrieb u.a. eine Kulturgeschichte des
Skatspiels (»Das Skat-Lesebuch«) sowie den Schelmenroman
»Quinn Kuul«. Im Emons Verlag erschienen das »Kölner
Sammelsurium«, der satirische Reiseführer »Ölle. Die Stadt
am Niehr«, der Roman »Fränki«, die Stadtführer »111 Kölner
Orte die man gesehen haben muss« (Band 1 und 2) und
»111 Orte im Kölner Umland, die man gesehen haben muss«
sowie das Interviewbuch »Ohne Rhein kein Dom«.

Der Fotograf
Thilo Schmülgen, geboren 1975 in Düren, arbeitet seit
2000 als freier Fotograf und Bildjournalist. Erste Bilder
veröffentliche er als Schüler in einer lokalen Tageszeitung,
später assistierte er bei Tom Pochert in dessen Studio für
Werbe-, Architektur und Industriefotografie. 2001 legte
er die externe Prüfung zum Fotografen ab.
Seine Arbeiten erscheinen in Tageszeitungen, Magazinen
und Buchveröffentlichungen.
www.thiloschmuelgen.com